„DAS SPARBUCH
IST TOT -
ES LEBE DAS SPAREN"

Wie soll man denn sonst sparen, wenn nicht intelligent "

Zitat : Christiane „Tissy" Bruns (*1951)

AUTOR

35 Jahre lang war ich in leitender Position eines Großunternehmens mit Personalverantwortung für 1500 Menschen tätig. Neben den technischen Anforderungen, als studierter Ingenieur, war die betriebswirtschaftliche Komponente zur Unternehmensführung immer wichtig und bedeutsam für die Anforderung auf eine erfolgreiche Umsetzung der gestellten Ansprüche auf eine Zielerreichung.

Dieser Anspruch - strukturiert und erfolgreich auch die privaten finanziellen Ansprüche zu erfüllen - zieht sich dementsprechend auch durch mein Privatleben.

So hat sich über die Jahre ein fundamentaler Kenntnisstand der Anlagemöglichkeiten entwickelt und durch ein regelmäßiges Interesse an verschiedenen Instrumenten dieser Anlagemöglichkeiten ein eigener Stil und eine eigene Philosophie entwickelt. Diese Anlagestrategie oder auch -Philosophie wurde in den vielen Jahren immer verfeinert und praktikabler gestaltet, sodass heute nicht nur ein fertiges Produkt der Vermögensanlage besteht, sondern dieses Produkt auch in vielen Teilaspekten den grundlegenden Anlageninteressen der Deutschen entspricht.

RISIKOSCHEU, KONSERVATIV, VERLÄSSLICH und **NACHHALTIG** sind Attribute, die dem deutschen Anleger an vielen Stellen für seinen Anlagehorizont und seine Anlagenziele wichtig sind.

Dieses kleine Buch der Geldanlage soll dem Leser nicht nur ein Instrument zur Geldanlage bieten, sondern vielmehr ihn auch mit Informationen rund um die Geldanlage vertraut machen. So wird ihm über den Wissensaufbau die Möglichkeit eröffnet, für sich die richtigen Anlageentscheidungen zu treffen und sein persönliches Geldvermögen damit zu mehren und es so anzulegen, dass mittel- und langfristig Renditen erwirtschaftet werden. Diese können für seine definierten Anlageziele, seien es Anschaffungen, Immobilien oder Altersvorsorge, dann optimal genutzt werden. Sie erhalten ebenso Informationen, die hintergründig das Thema Sparen beleuchten und kritische Anmerkungen zu der aktuellen Lage im finanztechnischen Umfeld geben.

Wie in allen Büchern der Sachbuchreihe **WASTUN!?** benutzen wir neben dem Vermitteln von Grundlageninformation ein strukturiertes Arbeiten und eine Reihe von Hilfsmitteln, die es ihnen ermöglichen klar und zielstrebig Ihre Ziele und die damit verbundenen Wünsche zu erfüllen.

Strukturiertes Arbeiten, heißt immer eine bestimmte Systematik zu beherrschen und konsequent sich mit einem Thema auseinander zu setzten. Dies gilt auch, wenn man ein kleines Vermögen schaffen will und dann zu verwalten hat.

Auf der Website

www.inops-solutions.de und www.was-tun.tv

erhalten Sie auch Sachbücher zu dem Themenkomplex Schulden und Altersvorsorge etwa in Form von Videos und aktuellen Artikeln - sowie ein Angebot an Hilfsmitteln für ein strukturiertes Arbeiten.

In dem Buch „**Verschuldung**" erfahren Sie wichtige Grundlagen und können sich kurzfristige, mittelfristige und langfristige Lösungswege erarbeiten, um alleine aus den Schulden herauszukommen. Dieses Buch ist eine notwendige Voraussetzung, denn darin lernen Sie, wie Sie die relevanten Themen systematisch erarbeiten, umsetzen und kontrollieren können.

In dem Buch „**Überschuldung**" geht es einen Schritt weiter. Denn wenn Sie überschuldet sind, können Sie bestimmte Themen nicht mehr allein und ganz von selbst lösen. Stattdessen sind Sie auf die Mithilfe Ihrer Gläubiger - etwa Banken oder andere Kreditgeber wie Kaufhäuser, usw. - angewiesen. Doch die gute Nachricht ist: Wenn Sie aktiv werden und sich an Ihre Gläubiger wenden, zeigen Sie Ihren guten Willen und können auf Verständnis sowie einen positiven Ausgang hoffen.

In dem Buch „**Zahlungsunfähig**" erhalten Sie einen Einblick in das Thema private Insolvenz und den richtigen Umgang mit Schuldnern, Schuldenberatern, Gerichtsvollziehern und Insolvenzverwaltern. Strukturiertes Arbeiten und konsequentes Nutzen des Instrumentes Privatinsolvenz hilft in der Regel als „letzte Möglichkeit" sich seiner Schulden zu entledigen und ein neues schuldenfreies Leben aufzubauen und damit eine gute Zukunft anzusteuern.

In dem Buch „**Altersvorsorge**" erhalten Sie grundlegendes Wissen zum Thema Vorsorgenotwendigkeit und einzelne Modelle die ihrer jeweiligen, persönlichen Lebenssituation entsprechen, um ein sorgenfreies Leben einmal genießen zu können.

Ich wünsche Ihnen viel Erfolg.

Heinrich Martin Thiel
April 2017

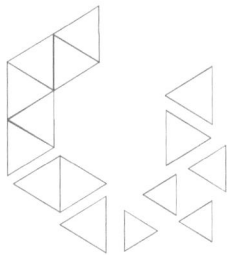

Bibliografische Information der Deutschen Nationalbibliothek:
Die Deutsche Nationalbibliothek verzeichnet diese Publikation
in der Deutschen Nationalbibliografie; detaillierte bibliografische Daten sind
im Internet über dnb.dnb.de abrufbar.

ISBN: 978-7-37448-515-65

INHALT

03 Aktuelle Betrachtung verschiedener Umfelder der Geldanlage 45

04 Chance/Risiken............................. 57

05 Säulen des erfolgreichen Sparens......70

06 Vermögen aufbauen......85

07 Die INOPS-Anlagestrategie......103

EINFÜHRUNG

„Das Sparbuch ist nicht totzukriegen" oder „Das private Geldvermögen der Deutschen ist auch in 2016 weiter gestiegen" oder „Trotz NULL Guthaben-zinsen lassen die meisten Privatanleger die Aktien links liegen".

Deutsche bevorzugen das klassische Sparkonto

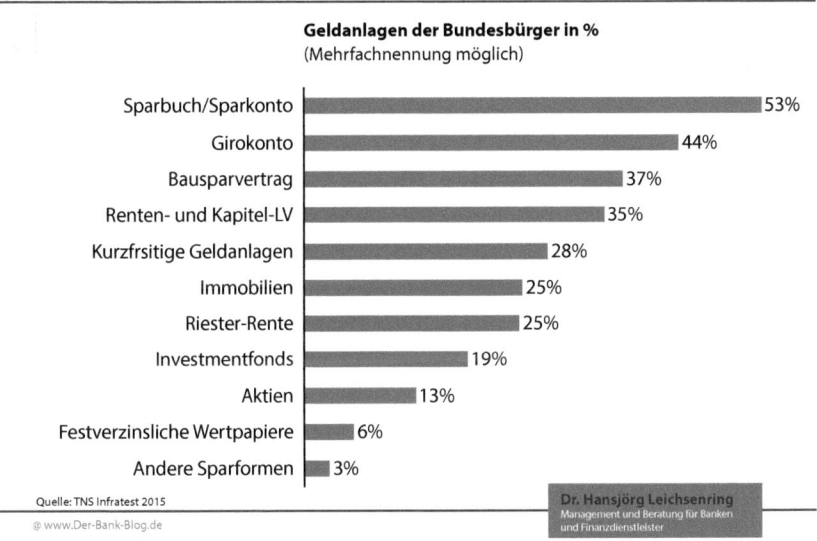

Geldanlagen der Bundesbürger in %
(Mehrfachnennung möglich)

Sparbuch/Sparkonto	53%
Girokonto	44%
Bausparvertrag	37%
Renten- und Kapitel-LV	35%
Kurzfrsitige Geldanlagen	28%
Immobilien	25%
Riester-Rente	25%
Investmentfonds	19%
Aktien	13%
Festverzinsliche Wertpapiere	6%
Andere Sparformen	3%

Quelle: TNS Infratest 2015

@ www.Der-Bank-Blog.de

Dr. Hansjörg Leichsenring
Management und Beratung für Banken
und Finanzdienstleister

So und ähnlich hat die Presse die Statistiken zum privaten Geldvermögen 2016 im März 2017 getitelt.

Das private Geldvermögen belief sich in 2016 auf insgesamt 5,7 Billionen Euro in Deutschland. Das heißt im Durchschnitt hat jeder Haushalt ein Netto-Vermögen (ohne Schulden) von ca. Euro 220.000.-.

Es wird gemutmaßt, dass von diesen 5,7 Billionen Euro etwa 4,3 Billionen Euro „zinslos" herumliegen, wenn Sie so wollen auf den Sparbüchern, den Girokonten oder bar zu Hause.

Wie wird aktuell dieses Vermögen angelegt?

Des Deutschen liebstes Kind ist immer noch das **Sparbuch**, das **Tagegeldkonto** oder das **Girokonto**. Von den 5,7 Billionen Euro Gesamt-Netto-Vermögen, liegen etwas 75% gleich 4,3 Billionen Euro auf diesen Null-Zins-Konten. Das heißt die Anlagestrategie der meisten Deutschen beschreibt sich mit höchst möglicher Sicherheit, aber keinerlei Risiko. Die Deutschen sparen seit 2000 etwa 9% ihres verfügbaren Einkommens in diese Anlageformen. Tendenz weiter steigend!

Ebenso ist der **Immobilienbesitz** oder der Erwerb von Immobilienfonds ein weiter wachsender Bereich der Geldanlage. Dies ist sicherlich nicht verwunderlich bei z.Zt. aktuellen Immobilien-Kredit-Konditionen von ca. 1% Hypotheken-Zinssatz. Diese Anlageform, die man auch gern Betongold nennt, passt also gut zum Sicherheitsdenken der Deutschen.

Gerade einmal 8,4 Millionen Deutsche, also etwa 10% der Bevölkerung, besitzen **Aktien** oder **Investmentfonds**. Von den 5,7 Billionen privaten Geldvermögens wird in diese Anlageform lediglich 7% gleich 400 Milliarden Euro investiert. Nach wie vor schwingen hier die Erfahrungen der Volksaktie Telekom aus dem Jahr 2000 und der Finanzkrise aus dem Jahr 2008 nach. Dies ist umso erstaunlicher, als dass die Bundesbank errechnet hat, dass seit dem Jahr 1991 diese Anlageformen jährlich etwa 8% Rendite abwerfen.

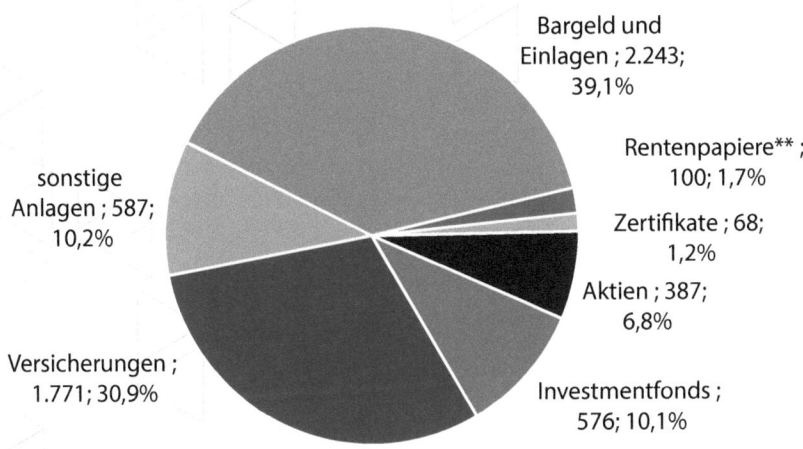

Bargeld und
Einlagen ; 2.243;
39,1%

Rentenpapiere** ;
100; 1,7%

Zertifikate ; 68;
1,2%

Aktien ; 387;
6,8%

Investmentfonds ;
576; 10,1%

Versicherungen ;
1.771; 30,9%

sonstige
Anlagen ; 587;
10,2%

Bildquelle: focus.de

Der Markt für **Anleihen** und **Rentenfonds**, der jahrelang sehr beliebt und lukrativ von der Renditeerwartung und dem Sicherheitsempfinden war, ist zurzeit nahezu unrentabel, da in diesen Anlageklassen keine nennenswerten Zinsen gezahlt werden. **Bundesanleihen** rentieren gegen NULL, erstklassige Staats- und Firmenanleihen werfen keine nennenswerten Erträge mehr ab. In diesen Bereich fliesen aber dennoch etwa 12% der anzulegenden Gelder. Last but not least - **Gold** -. Seit dem Rekordjahr 2011mit Höchstständen von 1900 US Dollar je Feinunze, sind die aktuellen Preise von derzeit etwa 1200 US Dollar weit entfernt. Zudem ist Gold auch keine Anlageklasse um Renditen zu erzielen, sondern lediglich sich für etwaige wirtschaftspolitische Turbulenzen abzusichern. In diese Anlageklasse wird etwa 5% des Anlagegeldes investiert.

Das Geldvermögen der Deutschen wächst weiter, da wir steigende Reallöhne bei niedriger Inflation zurzeit haben, das Realvermögen, gerade auf Null-Zins-Anlagekonten wird aber zunehmend geringer.

Stand Februar 2017 haben wir in Deutschland wieder eine Inflation durch steigende Energiepreise und Lebensmittel in Höhe von 2,2%. Das bedeutet,

3

dass der Anleger auf dem Sparbuch real einen Geldverlust von 2,2% jährlich zu verzeichnen hat.

In diesem aktuellen Sachbuch aus der Reihe WASTUN!? wollen wir uns mit Anlageformen für Ihr Geld beschäftigen, die den deutschen Tugenden und Gedankenstrukturen größtenteils Rechnung trägt, aber dennoch dazu beitragen soll Ihr Anlagevermögen zu steigern und einen Mehrwert für Sie zu schaffen.

Ich denke aber, es ist wichtig, an dieser Stelle auch über grundlegendes zum Thema Sparen und der Fähigkeit zum Sparen zu sprechen. Viele Leser werden sich sicherlich fragen - ja, wovon soll ich eigentlich sparen, es reicht doch gerade einmal, dass ich und meine Familie über die Runden kommen. Ich denke, es ist für jeden, in jeder Lebenslage und jeder Lebens-Situation möglich zu sparen und sei es auch „lieb gewordene Eigenheiten" zu verzichten, oder seine Lebensgewohnheiten zu verändern, um auch kleine Beträge „frei zu schaufeln" und damit das Sparen zu beginnen. Mit kleinen Beträgen anfangen und sich Freiräume schaffen diese kontinuierlich zu steigern und an der Wertsteigerung seiner Anlage langfristig zu profitieren, kann eine Vorgehensweise sein.

Hierzu kann es auch eine Lebensanschauung sein, die ich auch gerne als „finanzielle Freiheit" bezeichne oder den ersten Schritt zur „finanziellen Mündigkeit" definiere. Für eine solche grundlegende Ausrichtung seines eigenen Tuns, bedarf es Disziplin und Geradlinigkeit. Aber sie werden auf kurz oder lang selbst merken, wie dieses Freiheit sie begeistern kann und weiter anspornen wird, diesen Weg weiter zu gehen.

Wenn sie dies so tun, erarbeiten sie sich zwar einen kleinen aber immer wachsenden Grundstock eines Vermögens, den Sie auch brauchen, um weiter investieren zu können. Wie sagt der Volksmund so treffend - „Ohne Moos nichts los". Es ist auch richtig, dass man mit dem Sparen und dem Erarbeiten eines Grundstockes nicht früh genug beginnen kann, um letztendlich über die Zeitstrecke seine Anlageziele überhaupt erreichen zu können.

Wichtig aber ist auch und dies ist zu beherzigen, bevor Sie beginnen zu investieren, sollten sie keine Schulden mehr haben. Davon ausgenommen sind selbstverständlich Schulden im Bereich der Immobilienkredite und Sachkredite. Hier investieren Sie ja langfristig in Eigentum.

Investieren Sie auch nur Geld, was sie zum täglichen Leben nicht brauchen und auch nicht kurzfristig brauchen werden. Es ist selbstverständlich, dass Investitionen nicht mit Krediten einher gehen können.

Und schließlich, und das soll auch Grundtenor dieses Sachbuches sein, überlassen Sie ihre Investitionen nicht irgendwelchen Experten. Nehmen sie dieses Thema selbstverantwortlich in die Hand. Mit

W issen, was sie sich aufbauen und erlesen,

G eschick, was sie aus dem aufgebauten Wissen und Studium der täglichen Ereignisse im wirtschaftlichen Umfeld ableiten und zweifelsfrei auch eine gute Portion

G eduld, erreichen sie eine solide und ertragsstarke Investitionsbasis.

LOHNT SICH SPAREN EIGENTLICH NOCH?

Wir wollen in dem nachfolgenden Kapitel der Frage nachgehen, ob sich Sparen eigentlich noch lohnt und welche Gesetzmäßigkeiten es zum Thema Sparen zu beachten gibt. Tatsache ist, bei allen unterschiedlichen Wahrnehmungen zum Thema Sparen - Der Deutsche spart - und das mit großer Leidenschaft.

Das ist auch gut so, aber nicht Jeder ist in der Lage so zu sparen, dass man dies auch ein „vernünftiges Konzept" nennen könnte. Gespart wurde schon immer, solange es Menschen auf unserem Planten gibt. Aber die Sparnotwendigkeiten haben sich natürlich im Laufe der Evolution grundlegend verändert. Wurde zu Beginn der Menschheit Lebensmittel für das Überleben gesammelt, so hat sich das Sparen über die Jahrhunderte, immer auch der Evolution angepasst und weiterentwickelt. Auch hat sich Sparen an die entstehenden soziale Strukturen und die staatlichen Gesetzgebungen anpassen müssen.

Das Sparen hat sich demnach vom reinen Sammeln zum Überleben hin zur Vorsorge für die sich verändernden Lebensabschnitte der Menschen entwickelt. Über viele Jahrhunderte bedeutete Sammeln und Sparen aber immer, dass sich daraus ein Ertrag, sprich Zinsen, ergeben müssen.

Diese Grunddefinition des Sparens ist heute so nicht mehr darstellbar. Sparen im klassischen Sinn wirft keinen Ertrag mehr ab. Zinseinnahmen sind unter den Randbedingungen der momentanen Fiskalpolitik der Europäischen Notenbank (EZB) nicht mehr gegeben.

Das bedeutet aber nicht, dass sich Sparen nicht mehr lohnt, sondern Sparen muss anders definiert und anders umgesetzt werden.

Dies spiegeln wir an sich ändernden Grundgegebenheiten. Denn eins funktioniert auch seit Jahrhunderten - die Wirtschaft und die damit einhergehenden marktwirtschaftlichen Gesetzgebungen. In der freien Marktwirtschaft überlebt nur der, der ein gutes Grundkonzept hat, sprich Marktbedürfnisse erfüllt und einen Ertrag erwirtschaften kann.

An diesem Ertrag und an diesen florierenden Unternehmen kann man sich beteiligen und Anteile erwerben. Diese Anteile sind in Form von Aktien käuflich und haben einen Wert. Dieser Wert ist dann volatil, wenn sich Marktveränderungen, Kundenverhalten, Marktrandbedingungen ändern und somit Einfluss auf das Ergebnis des Unternehmens haben.

Der Wert der Aktie ist nicht volatil, wenn durch strategisch geschickte Führung des Unternehmens immer die richtigen und vorausschauenden Antworten auf Marktveränderungen gegeben und erkannt werden. Dann ist eine Aktie stabil und wirft Ertrag ab - sprich der Anteilseigentümer erhält eine Dividende.

Wie sparen die Deutschen?

Über 5 Billionen Euro Geldvermögen

Versicherungen und Pensionskassen
 1.961 Mrd. €

Spar-, Sicht- und Termineinlagen
 1.869 Mrd. €

Investmentfonds
 442 Mrd. €

Aktien
303 Mrd. €

Schuldverschreibungen
 162 Mrd. €

Bargeld
129 Mrd. €

Sonstiges
 206 Mrd. €

Stand Ende 2014, Grafik Bankenverband
Quelle: Deutsche Bundesbank u. eigene Berechnungen.

1.1 Die heutigen Randbedingungen

Die Randbedingungen haben sich für eine strukturierte Geldanlage in den letzten Jahren deutlich verändert.

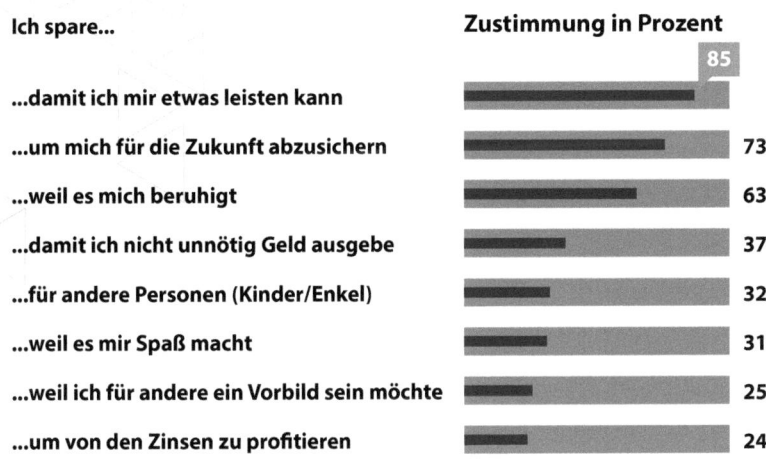

Ich spare...   **Zustimmung in Prozent**

...damit ich mir etwas leisten kann — 85

...um mich für die Zukunft abzusichern — 73

...weil es mich beruhigt — 63

...damit ich nicht unnötig Geld ausgebe — 37

...für andere Personen (Kinder/Enkel) — 32

...weil es mir Spaß macht — 31

...weil ich für andere ein Vorbild sein möchte — 25

...um von den Zinsen zu profitieren — 24

Quelle: Welt.de

1.2 Was ist eigentlich SPAREN?

„Sparen ist das Zurücklegen momentan freier Mittel zur späteren Verwendung. Häufig wird durch wiederholte Rücklage über längere Zeit ein Betrag aufsummiert, der dann für eine größere Anschaffung verwendet werden kann"

WAS TUN!?

Dabei gibt es verschiedene Motive des Sparens:

Zwecksparen:

Das Zwecksparen ist die Form des Sparens, um für spätere, größere Anschaffungen (Urlaub, Auto, Mobiliar, usw.) eine Grundlage zu haben.

Vorsorgesparen:

Das Vorsorgesparen ist die Form des Sparens um einerseits für Notfälle (Krankheit, Arbeitslosigkeit) einen Rückhalt zu haben, andererseits aber auch den Erwerb von Immobilien (Zwecksparen) vorbereiten zu können.

Einsparen:

Nicht zu vergessen ist bei alle diesen Definitionen auch das Einsparen. Dies kann Konsumverzicht sein oder aber Kosten-Reduzierung.

Dabei ist wichtig und auch für unsere Ausführungen als Grundlage zu verstehen - Sparen ist nicht Horten - . Unser Verständnis von Sparen heißt nicht, Geld unter die Matratze legen, oder kontinuierlich einen Sparstrumpf füllen. Sparen nach unserem Verständnis ist einen Zins zu erwirtschaften und Geld im Wirtschaftskreislauf zu halten.

Trotz der niedrigen Zinsen sparen die Deutschen Monat für Monat und Jahr für Jahr weiterhin in Anlageklassen, die keinerlei Rendite abwerfen. Jeder zweite Deutsche hat noch ein Sparbuch und spart regelmäßig auf diesem Sparbuch.

Die Union Investment resümiert:

„Bundesweit ist festzustellen, dass der starke Fokus auf den Notgroschen als Sparmotiv zu einer Übergewichtung täglich verfügbarer Mittel führt. In Kombination mit einem hohen Sicherheitsbedürfnis hat das zur Folge, dass die Deutschen mit Ihrem Sparverhalten weit hinter ihren Möglichkeiten bleiben".

Dabei ist es doch so wichtig für Anschaffungen, Immobilien und besonders für die Altersversorgung zu sparen.

Jeder Siebte spart nichts

Befragte nach Sparverhalten und monatlichen Rücklagen in Euro

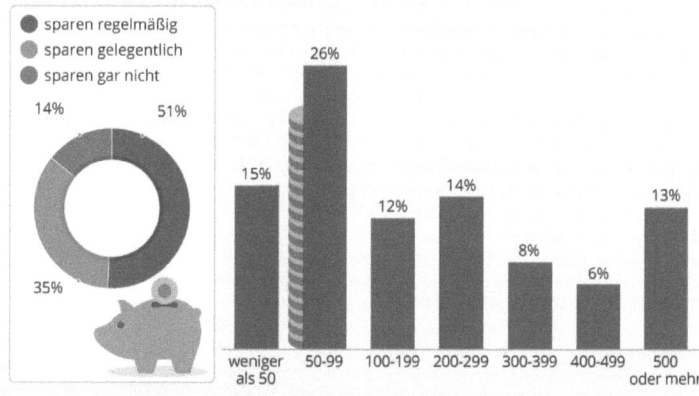

● sparen regelmäßig
● sparen gelegentlich
● sparen gar nicht

14% 51%

35%

26%

15%

12%

14%

8%

6%

13%

weniger als 50 | 50-99 | 100-199 | 200-299 | 300-399 | 400-499 | 500 oder mehr

Basis: 1.794 Befragte ab 18 Jahren, 20.10. - 06.11.2015
Quelle: Bank of Scotland

@Statista_com

statista

Aber wie ??

1.3 Die heutigen Marktbedingungen

Seit der Eurokrise haben wir eine EZB-gesteuerte Zinspolitik des „reichlich gedruckten Geldes" und der Null-Zinsen. In großangelegten Programmen, werden Staatsanleihen und neuerdings auch Firmenanleihen seitens der EZB monatlich von 90 Milliarden Euro aufgekauft, um deflationäre Tendenzen in Europa abzuwenden und durch die gigantische Geldmenge Inflation zu erzeugen. Diese Politik ist über die gesamte EU gesehen höchst strittig, da diese Programme nicht allen Volkswirtschaften in der EU gleichermaßen Nutzen stiften.

So entwickelt sich jetzt im März 2017 die Inflationsrate in den einzelnen EU-Staaten höchst unterschiedlich, entsprechend auch den jeweiligen wirtschaftlichen und ökonomischen Randbedingungen der einzelnen Staaten. Deutschland zum Beispiel hat im Februar 2017 eine Inflationsrate von 2,2% und har damit das Ziel der EZB bereits erreicht, nämlich in der EU eine Inflationsrate von durchschnittlich 2% per anno zu haben, Andere Volkswirtschaften sind von diesem Ziel noch weit entfernt, so dass die Geldpolitik der EZB - Nullzinsen - wohl in 2017 noch anhalten wird.

In den USA hat bereits eine Änderung des „Ultra lockeren Geldes" in 2016 begonnen. Dort werden nun Schrittweise, auch in Abhängigkeit der Robustheit der nationalen Volkswirtschaft, die Zinsen wieder erhöht. Es wird damit gerechnet, dass im Jahr 2017 es zu drei Zinsschritten kommen wird und demzufolge der FED-Zinssatz Ende des Jahres zwischen 1,5 und 2 % liegen wird.

Dieses Zinsumfeld ist schwierig und dennoch haben die Deutschen ihr privates Geldvermögen auf insgesamt 5,7 Billionen Euro in 2016 steigern können. Es wir erwartet, dass dieser Trend sich in 2017 fortsetzt und eine jährliche Steigerung dieses Geldvermögens wiederum um 4% (5,5 Billionen

Euro in 2015, gleich plus 4%, auf 5,7 Billionen Euro in 2016) möglich sein wird.

Wie Sie aber sicherlich erkannt haben, kann dieser Wertzuwachs nicht aus den Anlageformen mit Null-Zinsen gekommen sein. Daher ist davon auszugehen, neben einer weiterhin stabilen Sparrate der Bundesbürger, dass dieser Zuwachs den Kursgewinnen aus Aktienanlagen und Fonds der Jahresendrally im Dezember 2016 zu verdanken zu sein scheint. Dies sind etwa 44 Milliarden Euro, wobei der DAX im Jahr 2016 um insgesamt 7% bei sehr volatilem Jahresverlauf gestiegen ist.

Leider haben diese 7% Wertzuwachs, wie wir festgestellt haben, lediglich einen sehr geringen Teil der Deutschen erfreuen können, denn die risikoscheuen Deutschen sind ja eher selten in diesen Anlageklassen investiert. Was tut man dann aktuell mit dem Geld?

Aufgrund der Niedrigzinsphase parken die Anleger ihr Geld in „Griffweite", d.h. kurzfristig verfügbar und damit nicht mit Wertsteigerungen beaufschlagt. Aus diesem Grund besteht nach wie vor eine regelrechte Abneigung gegen langfristig festverzinsliche Anlagen (wenn auch mit einem geringen Zins- satz). In diesem Anlagebereich haben sich in 2016 ca. 24% des privaten Geldvermögens befunden also 1,37 Billionen Euro !!
Dieses Geld geht leider am volkswirtschaftlichen Produktivitätsvermögen vorbei und trägt nicht dazu bei, die Industrie zu stärken und am Bruttosozialprodukt zu partizipieren.

Also, wenn nur eine sehr geringe Steigerung des privaten Geldvermögens aus den Anlageformen Aktien und Fonds sich generiert hat, woher kommt dann der gewaltige Zufluss aus der Steigerung von 2015 auf 2016?
Dem Sparfleiß der Deutschen ist dies zu verdanken, die halt wiedermal mehr gespart haben. Die effektive Sparquote ist dabei um ca. 10% per anno gestiegen. Das bedeutet, dass von Euro 100 eines verfügbaren Einkommens Euro 10 gespart werden. Diese Tendenz wird ja dahingehend nochmal befeuert, dies haben wir bereits erwähnt, dass keine Inflation in 2016 bestand, aber Einkommensveränderungen von +2,5% hinzugekommen sind.

Ergänzend kommt aber, dies zur Erläuterung, eine extreme Steigerung bei der Sachvermögensbildung, sprich dem Erwerb von Immobilien, hinzu. Das günstige Finanzierungsumfeld verschafft dem Anleger, gerade auch bei sich stetig verknappendem Wohnungsbedarf, eine risikoarme Alternative zur Geldanlage. Diese Tendenz dürfte in den nächsten Jahren so noch anhalten, zumal die Immobilienpreise weiter steigen und der Wohnungsbedarf immer größer wird. Tendenziell ist jetzt im März 2017 aber auch festzustellen, dass die Konditionen für Immobilienkredite anziehen und wir die Tiefststände wohl in 2016 gesehen haben.

Allerdings wird durch das Anleihen-Aufkaufprogramm der EZB das Niedrigzinsumfeld sicherlich noch im Euroraum bis Ende 2017 Bestand haben.

1.4 Nullzinspolitik

Wir haben widerlegt, dass Mario Draghi den Deutschen das Sparen ausgetrieben hat. Und dennoch haben sich seit der Einführung der Nullzinspolitik grundlegende Dinge verändert. Wir haben, gerade auch gegenüber früheren Jahren, einen historischen Mentalitätswandel erleben müssen.

Was heißt eigentlich Nullzinspolitik?

> „Liegt der Zinssatz der EZB oder anderer Zentralbanken wie der FED bei Null oder nur geringfügig darüber spricht man von einer Nullzinspolitik. Die Gefahr bei einem Nullzinsniveau liegt darin dass Sparer keinen Anreiz haben ihr Kapital anzulegen. Die Folge ist eine mangelnde Liquidität der Kreditinstitute. Es werden trotz starker Nachfrage, da Kredite günstig sind, nur wenige gewährt. Die Investitionen sinken."

Mit dieser Politik steuert die EZB gegen deflationäre Tendenzen.

Unter **Deflation** versteht man in der Volkswirtschaftslehre einen allgemeinen, signifikanten und anhaltenden Rückgang des Preisniveaus für Waren und Dienstleistungen.

Deflation entsteht, wenn die gesamtwirtschaftliche Nachfrage geringer ist als das gesamtwirtschaftliche Angebot (Absatzkrise). Das bedeutet, dass die EZB soviel Geld in den Wirtschaftskreislauf bringt, dass die Inflation steigt und damit gegen die Deflation wirkt.

Inflation bezeichnet in der Volkswirtschaftslehre eine allgemeine und anhaltende Erhöhung des Preisniveaus von Gütern und Dienstleistungen (**Teuerung**), gleichbedeutend mit einer Minderung der Kaufkraft des Geldes.

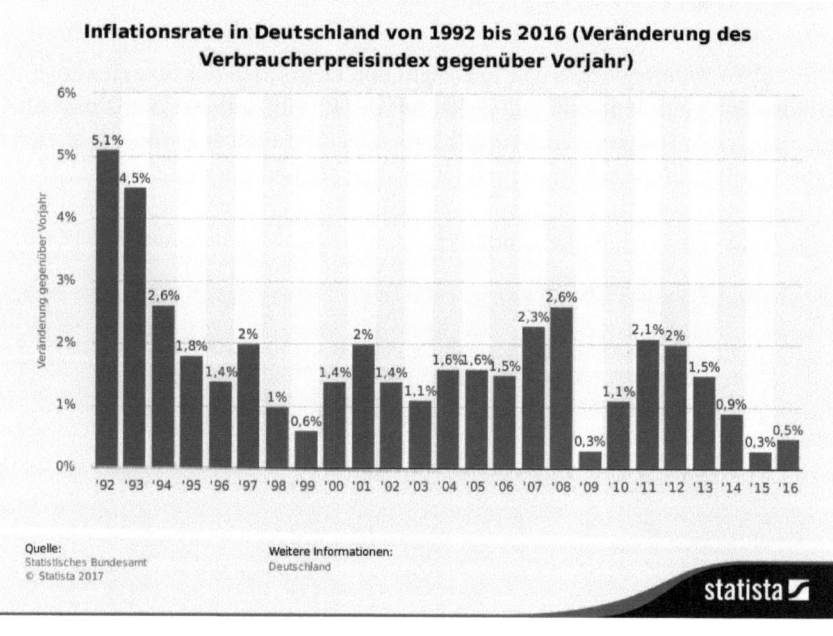

Inflationsrate in Deutschland von 1992 bis 2016 (Veränderung des Verbraucherpreisindex gegenüber Vorjahr)

Quelle:
Statistisches Bundesamt
© Statista 2017

Weitere Informationen:
Deutschland

statista

Die EZB legt den Zinssatz fest, zu dem sich Banken bei der EZB Geld leihen können. Bekommen die Banken geliehenes Geld für Null, können Sie zu entsprechenden Konditionen dies als Kredite auch an die Verbraucher weitergeben. Aber auf der anderen Seite können natürlich auch keine Zinsen für Bankeinlagen, wie Sparbücher, gezahlt werden.

Das bedeutet doch letztlich, dass das herkömmlich Sparen, mit Sparbuch, Bundesschatzbriefen, Obligationen - als sicheres Sparen - keine Erträge mehr bringt. Damit haben sich grundlegende Themen zum Sparen verändert.

Aber laufen diese Veränderungen auch in die richtige Richtung?

Welche Geldanlagen nutzen die Deutschen eigentlich und wie hat sich das Anlageverhalten von 2015 auf 2016 verändert?

Angaben in Prozent (Mehrfachnennungen möglich)

	2015	2016
Tagesgeld	49	50
Sparbuch	52	44
Lebensversicherung/Rentenversicherung	50	34
Bausparvertrag	41	31
Fondsanteile	32	27
Aktien (ohne Belegschaftsaktien)	16	19
Festgeld	15	18
Sparvertrag/Sparbrief	17	10
Gold/Goldzertifikate	4	7
Indexfonds (ETF)	1	4

Bildquelle: Welt.de

17

Es gibt also Veränderungen im Sparverhalten, aber reichen diese letztendlich aus?

In diesem Zusammenhang ist aber auch unübersehbar, dass die Deutschen immer mehr Geld zu Hause horten. Und horten ist wie wir gesehen haben, die Form des Sparens, die dem Wirtschaftkreislauf Geld entzieht und vollkommen unproduktiv arbeitet. Also - SCHLECHT!

Diese Nullzinspolitik hat aber auch innerhalb der EU gravierende Auswirkungen und verschärft die Finanzkrise einzelner Länder perspektivisch deutlich. Innerhalb der EU mit seinen 27 Mitgliedsstaaten (ohne England) gibt es erhebliche haushaltspolitische Unterschiede. Der Euro nutzt mit seiner relativen Schwäche den starken Volkswirtschaften wie z.B. Deutschland, Niederlande für ihre Exporte und den sich daraus ergebenden Handelsüberschuss.

Für die schwächeren Volkswirtschaften wie z.B. Griechenland, Italien, ist der Euro viel zu teuer und belastet die Haushalte. Notwendige Abwertungen können für einzelne Länder nicht vorgenommen werden, um konsolidierend eingreifen zu können.

Demzufolge ist auch hier diese Nullzinspolitik für die einzelnen Ländergruppen unterschiedlich wirksam und höchst kritisch. Die EU ist halt zu schnell und zu unkontrolliert gewachsen. Dies ist eine bittere Erkenntnis die schnellstens seitens der Kommission neu geregelt werden muss.

1.5 Was sind also die Randbedingungen für 2017?

Interessant ist weiterhin festzustellen, dass die Sparbereitschaft der Deutschen auch in 2017 anhalten wird. 66 Prozent der Bundesbürger haben sich für 2017 Geld-Vorsätze gefasst. Dies nach Aussage der GfK. Das bedeutet,

dass das regelmäßige Sparen auf Nullzins-Anlagen anhalten wird.

1.6 Was hat sich gegenüber früher eigentlich verändert?

Es ist noch gar nicht so lange her, da wurden Sparer mit einem klaren Konzept für ein Mittel- und Langfristsparen überzeugt. Dieses, zu den damaligen Bedingungen, attraktive und auch sichere Konzept, basierte im wesentlich auf **DREI Säulen:**

Die Kapital-Lebensversicherung

Dieses klassische Instrument, einerseits der Absicherung für ein vorzeitiges Ableben, andererseits Erhalt von attraktiven Konditionen, diente dem Vermögensaufbau mit einer Reichweite in der Regel bis zum Renteneintritt. So konnte man im Alter über eine gute, ergänzende Geld-Quelle verfügen.

Das Sparbuch

Das Sparbuch, des Deutschen liebstes Kind, erwirtschaftete je nach Bindung die man vereinbart hatte, attraktive Zinsen. Über den Effekt „Zins plus Zinseszins" ergaben sich so stattliche Erträge.

Die Anleihen und Obligationen

Als sicheres Anlageinstrument wurden immer gern die Verschuldungen des Staates genommen. Dies war eine Anlageform mit der man bis zu 10 Jahre attraktive und sichere Erträge erzielen konnte.

Aus diesen drei Anlagen ergab sich eine maximale Flexibilität und ein gutes Planen mit einem Anlagehorizont von ca. 10 Jahren. So konnte man z.B. auch Kapital-Lebensversicherungen beleihen, um zwischenzeitlich eine Immobilie zu erwerben oder Sachwerte anzuschaffen.

Diese Anlageklassen erlaubten des den Deutschen nicht nur über eine geregelte Ansparzeit ein Vermögen zu erwirtschaften, sondern auch dieses Vermögen langfristig risikolos anzulegen. Zinserträge von 5-7 Prozent per anno aus einer solchen Anlageform waren nicht unüblich.

Dies ist aber alles vorbei und gehört der Vergangenheit an!

Die Kapital-Lebensversicherungen lohnen als reine Kapitalanlage nicht mehr, weil Zinserträge in der Größenordnung von 1% nur noch garantiert werden. Die Absicherung eines vorzeitigen Ablebens ist über eine Risiko-Lebensversicherung sehr viel günstiger abzuschließen.

Das Sparbuch erbringt heute, wenn überhaupt, einen Zins von 0,01 Prozent. Es gibt auch Banken und Kassen die bereits einen negativen Zins erheben. Das bedeutet, sie verlieren nicht nur einen Ertrag an ihrer Einlage, sondern zusätzlich wirkt die Inflation ebenfalls negativ auf ihr angelegtes Vermögen.

Der Bundesfinanzminister reibt sich bei der aktuellen Situation die Hände und saniert seinen Haushalt, weil er **Anleihen und Obligationen** mit negativen Zinsen an den Mann oder die Frau bringen kann. Das heißt, der Anleger bringt Geld mit und zahlt noch Geld obendrein, um die Sicherheit einer staatlichen Anlage zu haben. Kein wirklich gutes Geschäft.

Dies waren es gestern und sind es auch noch heute, die klassischen Geldanlagen, die der Deutsche nutzte, aber auch immer noch nutzt.

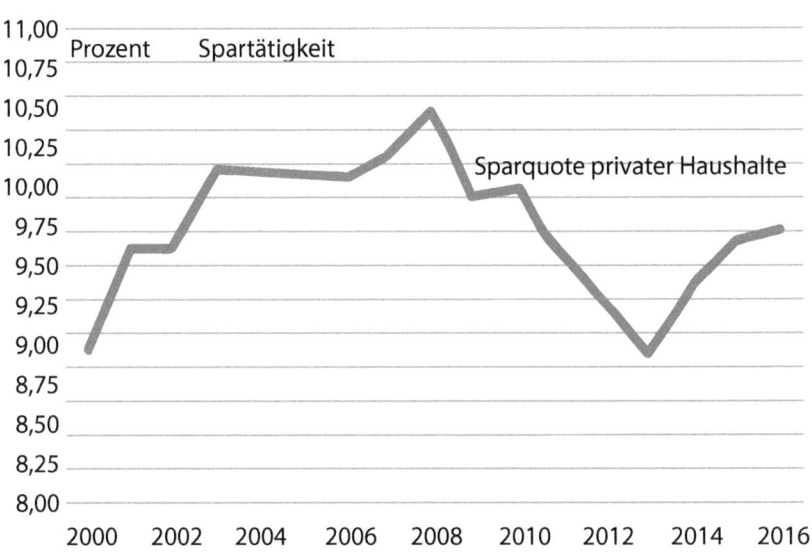

21

1.7   Wer spart eigentlich wie?

In Deutschland wird unterschiedlich gespart. Wir haben das Vermögen der Deutschen für 2016 mit 5,7 Billionen Euro ermittelt. Davon verfügen

- Ein Drittel über weniger als 1% des Vermögens (0,5 Billionen Euro)
- Ein Drittel über knapp 20% des Vermögens (1,1Billionen Euro)
- Ein Drittel über 79 % des Vermögens (4,1 Billionen Euro)
  Von diesen 79 % besitzen 20% wiederum 2,5 Billionen Euro

Ich denke, Sie werden mir Recht geben, dass die jeweilige Anlagestrategie dieser einzelnen Gruppierungen denkbar unterschiedlich sein wird. Wir klammern für unsere nächsten Betrachtungen das Drittel mit dem 79%-igen Vermögen aus. Hier ist grundlegend anzunehmen, dass diese Gruppe anders spart und sich anders beraten lässt in finanziellen Angelegenheiten.

Viele Ansatzpunkte dieser Sparpolitik können aber auch Hinweise auf eine notwendige Veränderung der Spargewohnheiten der anderen zwei Drittel sein.

Basis: Mittelschicht insgesamt, Mehrfachnennungen möglich, Angaben in Prozent

Giro-, Gehaltskonto	96
Sparbuch, Sparkonto, Postsparbuch	65
Sparplan, Sparvertrag	21
Tageskonto	20
Termin-, Festgeldkonto	8
Sparbriefe, Sparkassenbriefe	6
Aktien	5
Sonstige Geldanlagen bei einem Geldinstitut	3
Aktienfonds (inkl. Anteile)	3
Rentenfonds (inkl. Anteile)	3
Goldbarren, -münzen, andere Edelmetalle	3
Festverzinsliche Wertpapiere	2
Gemischte Fonds (inkl. Anteile)	2
Sonstige Inverstmentfonds (inkl. Anteile)	2
Sonstiges (Zertifikate oder Imobilienfonds	6

QUELLE: UNION INVESTMENT / HANDELSBLATT RESERCH INSTITU

Denn das 79%-Drittel wird immer reicher, wo hingehend die anderen zwei Drittel relativ wenig Zuwachs zu ihrem Vermögen erwirtschaften.

Die nachstehenden Erläuterungen der Spargewohnheiten betreffen also die zwei Drittel der Bevölkerung die 20% des Gesamtvermögens verwalten.

Entsprechend einer Umfrage der GfK aus dem Jahr 2016 ergeben sich folgende Anlageformen (Mehrfachnennungen möglich):

1. 56 % der Befragten belassen ihr Geld auf dem Girokonto. Das ist vor allem kritisch, weil es hier ja überhaupt keine Zinsen gibt. Das Kapital liegt also einfach nur rum. Ja, es verliert sogar an Wert, da wir ja zurzeit (März 2017) eine Inflationsrate von 2,2% haben. Zudem kommt auch noch, dass die Sachwertinflation sehr hoch ist. Die Preise für Immobilien oder auch Wertpapiere sind in den letzten Jahren und Monaten deutlich gestiegen.

2. 54 % der Befragten parken ihr Geld auf einem Sparbuch. Diese Anlageform ist nach wie vor immer noch sehr beliebt. Vier von zehn dieser Befragten nutzt diese Anlageform für die Kinder etwas anzusparen. Die wenigsten nutzen dafür die Anlageform der Aktien. Umgekehrt ist

demnach aber auch festzuhalten, dass jeder zweite Deutsche nichts für seine Kinder spart. Die Sparbereitschaft generell verläuft vergleichsweise mit der Höhe des Einkommens. Je höher das Einkommen, desto eher ist man bereit für die Kinder etwas zu sparen.

3. 41 % der Befragten nutzen die Anlageform des Tagesgeldes. Es konnte auch hinterfragt werden, dass wenn einmal Geld auf dem Tagegeld-Konto liegt, dass es auch für einen längeren Zeitraum, auch nach Ablauf der Zinsbindung dort liegen bleibt. Der Glaube, dass sich die Zinsen weiter fort schreiben, ist hier ein Irrglaube.

4. 34 % der Befragten investieren in einen Bausparvertrag. Trotz sehr geringer Verzinsung bei gleichzeitig hohen Gebühren (Abschlussgebühren und Bearbeitungsgebühren), versuchen viele angehende Immobilienkäufer sich so die niedrigen Zinsen für einen späteren Kauf zu sichern.

5. 29 % der Befragten investieren immer noch in eine Kapital- Lebensversicherung. Die Konditionen sind hierbei ähnlich wie bei dem Bausparvertrag zu diskutieren, hohe Abschlussgebühren und Verwaltungsaufwand, bei niedriger Verzinsung.

6. 29 % der Befragten investieren in eine Altersversorgung. Dies ist eine zukunftsweisende Entscheidung, sind wir doch gut beraten perspektivisch mehr privat für unsere Altersvorsorge zu investieren.

7. 29 % der Befragten hat Bargeld. Gut möglich, das dieser Anteil perspektivisch noch größer wird, denn die Anleger haben Angst, dass die Banken bald flächendeckend einen negativen Zins auf Einlagen erheben werden.

8. 19 % der Befragten haben Geld in Fonds investiert. Dies sind in der Regel Aktienfonds, können aber auch Immobilienfonds sein.

9. 17 % der Befragten sind in Festgeld investiert. Hier gilt ähnliches zu sagen, wie beim Thema Tagesgeld bereits festgehalten.

10. 13 % der Befragten ist dann tatsächlich in Aktien investiert. Wobei die Aversion der Deutschen auf Grund schlechter Erfahrungen mit Aktien, nach wie vor vorhanden ist.

1.8 Die Schere ARM /REICH wird groß und größer

Armut breitet sich in Deutschland nach Darstellung des Paritätischen Wohlfahrtsverbandes immer weiter aus. Wir haben zurzeit eine Armutsquote von ca. 16%. Dies ist ein Höchststand seit der Wiedervereinigung im Jahre 1989. Dies entspricht rund 13,1 Millionen Menschen, die kein ausreichendes Existenzminimums haben.

Dieses Existenzminimum betrug 2016 Euro 1080.-, wobei dieses Existenzminimum gleichzusetzen ist, mit dem pfändungsfreien Einkommen.

Wir haben bereits schon ausgeführt, dass in der Aufspaltung der Bevölkerung die Gruppe, die gut verdient, mehr Möglichkeiten hat Geld zu sparen, als die Gruppe von Menschen, die am Existenzminimum klebt.

Wichtigste Hauptauslöser der Überschuldung 2015
in%

Arbeitslosigkeit	19
Erkrankung, Sucht, Unfall	15
Trennung, Scheidung Tod des Partners/der Partnerin	14
unwirtschaftliche Haushaltsführung	11
gescheiterte Selbstständigkeit	10
längerfristiges Niedrigeinkommen	7

1 Nur im Jahr 2015 neu angelegte Beratungsfälle

Was ist also zu tun?

Der Staat steht nach meinem Empfinden vor einer seiner größten Herausforderungen. Diese Herausforderung wird auch ein zentrales Thema bei der anstehenden Bundestagswahl im September dieses Jahres sein. Wie ist es möglich aufkommende soziale Spannungen und zunehmendes Ungleichgewicht bezogen auf das Einkommen in der Bevölkerung zu lösen?
Der Wohlfahrtsverband sieht dies mit Blick auf die Bundestagswahl genau so und spricht von einem anstehenden „Gerechtigkeitskampf".

Gerade der unsägliche Wahlkampf in den USA hat uns doch dramatisch gezeigt und vor Augen geführt, welche eigentlich undenkbaren Ergebnisse möglich sein können, wenn Ungleichheiten von der Politik sträflich ignoriert werden. Seit diesem Wahlkampf wird aber in Deutschland sensibler mit dem Thema Ungleichheit umgegangen. Die SPD als pragmatischer und prädestinierter Parteienvertreter hierfür, hat sich demzufolge dieses Thema wahlkämpftechnisch aufgenommen und spricht von Ungerechtigkeiten, die zu beseitigen sind.

Die Frage, die sich aber bei allen Themen besonders bei der gewollten Veränderung der Agenda 2010, stellt - ist das Thema Armut seitens der Politik wirklich zu Ende gedacht. Ich meine NEIN! Denn mit all diesen Überlegungen erzielt man nicht einen Stand der arme, abgehängte Menschen in ausreichend sichere und gute Jobs führt, geschweige denn ihnen die Möglichkeit des Sparens gibt, um für ihr Leben auskömmlich vorzusorgen.

All die Rezepte die hierzu diskutiert werden, zeigen nur ansatzweise Lösungen auf und bieten konsequenterweise keiner ganzheitlichen Lösung. Meines Erachtens wird es nur einen Weg perspektivisch geben der uns vor sozialen Spannungen schützt und alle Personen in unserer Wohlstandgesellschaft gleichermaßen an einer weiteren positiven Entwicklung teilhaben lässt.

Das Zauberwort hierzu heißt BEDINGUNGSLOSES GRUNDEINKOMMEN

Vielfach ist dieses Thema ein absolutes Reizthema und wird zurzeit nicht leidenschaftsfrei diskutiert. Ich bin der festen Überzeugung, dass es sich aber lohnt sich dieses Themas grundlegend anzunehmen, es volkswirtschaftlich durch zu rechnen und ein Aufrechnen gegen aktuelle Leistungen in den Bereichen Hartz IV, Arbeitslosengeld und allen anderen Leistungen in den Bereichen der sozialstaatlichen Leistungen.

Selbstverständlich gehört auch zu dieser Rechnung die Einsparung von Angestellten und Beamten im öffentlichen Dienst, die die Vielzahl von Leistungen heute zu prüfen und zu überwachen haben.

Gibt man der Gruppe die von Armut betroffen ist ein solches bedingungsloses Grundeinkommen, ermöglicht der Staat diesen Menschen ein würdiges Leben, die Möglichkeit des Sparens und auch wieder eine Teilnahme an der produktiven Vermögensbildung des Staates. Diese Ausführungen sollen hier nur angerissen werden und sind Gegenstand eines eigenen Buches.

1.9 Lohnt sich Sparen eigentlich noch ?

An jedem 1. Werktag im Oktober ist Weltspartag. „Sparen trägt Früchte" so oder ähnlich lauten dann die jährlichen Versprechungen der Sparkassen und Volks- und Raiffeisenbanken. Jahr für Jahr sollen damit junge Menschen zum Sparen angeleitet werden. Kritiker entgegnen diesem Werben, dass dies eine Enteignung der Sparer darstellt, da ja der Kurs der Europäischen Zentralbank (EZB) die Nullzinspolitik weiter vorantreibt und so auch die Zinserträge der „Kleinen Sparer" gleich NULL sind.

„Dein Sparschwein - ein wertvoller Schatz. Mach mehr daraus!" Nimmer müder werdend, wird mit solchen Slogans seitens der Sparkassen und Volks- und Raiffeisenbanken geworben. Seit 1924 gibt es diesen Weltspartag und vor allem Kinder werden hier angesprochen, Geld auf diesem Wege zu sparen - und dieses Geld einfach auf dem Sparbuch für sich arbeiten zu lassen.

Ja, es gab diese Jahre und Zeiten, wo diese Slogans richtig waren und sich Sparen mit Erträgen von jährlich 3-4% Zinsen richtig lohnte. Doch dies ist leider lange her.

„Wie wollen Sie heute Kindern den Sinn des Sparens erklären, wenn am Ende des Jahres KEINE Zinsen gezahlt werden, ja durch die Inflation sogar das Anlagevermögen kleiner geworden ist und das Geld auszugeben anscheinend sinnvoller ist, als es auf das Sparbuch zu legen?" so fragen sich manche verantwortungsvollen Bänker und ergänzen: „Der Weltspartag ist kein Freudentag mehr, er ist zu einem Volkstrauertag verkommen".

Die EZB hat die Zinsen im Euroraum praktisch abgeschafft. Banken bekommen frisches Geld von der Notenbank zum Nulltarif - sind also nicht mehr darauf angewiesen, Spargelder von ihren Kunden einzusammeln und für diese Zinsen zu zahlen. Die Eigenkapitaldecke lässt sich mit der Politik der EZB günstiger realisieren. Hinzu kommt noch, wenn Geldinstitute einen Überhang an Kapital haben und diesen bei der EZB parken wollen, weil die Kreditvergabe ja auch nicht gerade attraktiv ist, müssen die Institute bei der EZB einen Strafzins zahlen.

Die Folge daraus ist : Sparbücher und auch Tagegeldanlagen, die bei den risikoscheuen Deutschen besonders beliebt sind, werfen keine Renditen mehr ab. Zinsen von -0,1 bis +0,1 sind bei Sparkonten daher keine Seltenheit. Bei Tagesgeldern sieht es, abgesehen von Lockangeboten einzelner Geldinstitute, kaum anders aus.

Das interessante aber an dieser Situation ist, dass viele Deutsche ihr Anlage-verhalten trotzdem nicht verändern. Bargeld und Einlagen bei Geldinstituten sind nach jüngsten Zahlen der Bundesbank mit gut 3 Milliarden Euro nach wie vor der größte Posten des Geldvermögens der privaten Haushalte, ja sogar mit steigender Tendenz. Aktien machen leider nur einen geringen Teil dieses Gelvermögens aus von insgesamt 5,7 Billionen Euro Gesamtvermögen.

Demnach hat das klassische Banksparen immer noch die größte Bedeutung. Die Sparquote liegt bei etwa 10% des verfügbaren Einkommens. Dies entspricht in etwa dem langjährigen Durchschnitt. Die Bundesbürger lassen sich hier überhaupt nicht beirren und sehen auch weiterhin die Notwendigkeit auf diesem Weg Geld zur Seite zu legen.

Geld alleine macht bekanntlich nicht glücklich. Gleiches ließe sich wohl über das Sparen sagen. Aber wer sparen kann, darf sich demnach grundsätzlich glücklich schätzen. Insgesamt herrscht große Zufriedenheit im Land der angeblich ewig Unzufriedenen. Knapp Dreiviertel der Bundesbürger sind mit ihrer finanziellen Situation dennoch zufrieden, Diese Umfrage betraf die Themengebiete Einkommen, Ersparnisse, Geldanlage und Ausgabensituation. Nur jeder Vierte ist demnach unzufrieden.

Ob das Finanzpolster aus einem guten Einkommen finanziert wurde oder durch strenge Disziplin, spielt dabei anscheinend keine Rolle. Beides mache auf jeden Fall stolz und steigere die Zufriedenheit. Wer Geld auf der hohen Kante hat, fühlt sich sicherer und kann sich so manchen Wunsch damit erfüllen.

In diesem Punkt unterscheiden sich die alten und die neuen Bundesländer doch noch deutlich. Während die Westdeutschen ihre Finanzen gut bewerten (75% zufrieden) sind es im Osten nur 65%. Besonders zufrieden ist die Altersgruppe der 40- bis 49-Jährigen (81%). 86% der Bundesbürger, die zufrieden mit ihrer aktuellen finanziellen Situation sind, bilden entsprechende Rücklagen. Von denen die aber unzufrieden sind, sparen nur 65%.

Wir aber wollen mit diesem Buch genau diese Gewohnheit kritisch hinterfragen und deutlich attraktivere Geldanlageformen besprechen und diese
dem Leser empfehlen, um wenigstens einen Ertrag für das angelegte Geldvermögen zu erzielen. Aber eins sollte in diesem Zusammenhang auch klar
sein und deutlich erwähnt werden:

Höhere Zinserträge gehen nur einher mit einem höheren
Anlagerisiko

Diese Wahrheit über die erzielbare Höhe von Zinserträgen, muss aber dem
Sparer verständlich sein und Ihn auch warnen, wenn Zinsversprechen ge-

31

macht werden, die den normalen Rahmen sprengen. Risiko ist kalkulierbar, beherrschbar und über einen gesamten Anlagehorizont damit vertretbar.

Diese DREI Einflussfaktoren wollen wir in den nächsten Kapiteln besonders durchleuchten und klare Stellung dazu beziehen, um dem risikoscheuen Anleger doch vernünftige und zumutbare Strategien dazulegen, wie er trotzdem sein Geldvermögen verantwortungsvoll steuert und auch Erträge erzielen kann.

1.10 Ohne Aktien geht es nicht

Die Sparzinsen sind zwar im Keller, an den Börsen geht es aber oft turbulent und nicht nachvollziehbar zu. So empfinden es doch viele Menschen. Aber trotzdem, oder vielleicht sogar deswegen, steigt das Geldvermögen der Deutschen stetig.

Eine neue Studie, wie die Deutschen zu diesem Vermögen gekommen sind, befeuert nochmals diese Diskussion und relativiert einiges.

Wir haben bereits festgestellt, dass das Vermögen der Deutschen in 2016 auf einen Höchststand von 5,7 Billionen Euro gestiegen ist. Dieses Vermögen summiert sich in Form von Bargeld, Wertpapieren, Bankeinlagen, aber auch Ansprüchen gegenüber Versicherungen. Der Anstieg dieses Vermögens von 2015 auf 2016 lag aber im langfristigen Durchschnitt, trotz Niedrigzinsen und vermeintlicher Börsenflaute. Also wohler kommt dieser Anstieg? Dieser Anstieg kommt aus vermeintlich risikoarmen Anlagen. Besonders gut betuchte Deutsche haben dabei ihren Reichtum nicht selbst verdient, wie das Deutsche Institut für Wirtschaft herausgefunden hat.

Laut diesem Bericht kamen etwa drei Viertel der besonders Vermögenden in Deutschland im Alter von mindestens 40 Jahren bereits in den Genuss einer Schenkung oder einer Erbschaft. 18% davon sogar von zweien oder mehr.

Befragt nach den Gründen für ihren Reichtum gaben zwei Drittel dementsprechende Erbschaften und Schenkungen an, gefolgt von Selbständigkeit bez. Unternehmertum. Jede fünfte reiche Frau nannte Heirat als Hauptgrund. Dabei gelten Haushalte als „hochvermögend", die mindestens eine Million Euro frei verfügbar haben.

Also, ist der Anstieg des Geldvermögens neu zu strukturieren und zu überdenken, denn es liegt wohl nahe, dass der „Normalbürger" demzufolge nicht an diesem Vermögensaufbau partizipiert. Wie wir ja auch festgestellt haben, liegt hier das Vermögen eher auf dem Sparbuch zu Null Prozent Zinsen.

Also was tun ? Die Antwort : Von den Vermögenden lernen, es aber anders machen, so dass der Normalbürger sich auch damit identifizieren kann!

Es wäre sicherlich zu einfach den Schluss aus diesen Ergebnissen zu ziehen, dass dringend die Erbschaftsbesteuerung zu verändern ist. Nein, bereits versteuertes Geld, darf nicht noch einmal versteuert werden und auch auf diese Weise nicht dem Wirtschaftskreislauf entzogen werden. Dieses Geld muss arbeiten und Arbeitsplätze erhalten und Arbeitsplätze ausbauen. Dies ist die Basis für weiteren Wohlstand und eine gesunde Volkswirtschaft.Richtiger ist hingegen, dass Dank des robusten Arbeitsmarktes die Reallöhne steigen und somit auch Geld auf die Hohekante gelegt werden kann. Gut ist, und dies ist weiter auszubauen, dass der Anteil dieses Sparens doch steigend, wenn auch nur leicht, in Aktien und Investmentfonds fließt.

Es scheint sich doch zu festigen, dass es eine steigende Präferenz für liquide und risikoarme, nicht risikofreie Anlageformen gibt. Beliebter werden vor allem Renten- und Immobilienfonds. Der Aktienanteil bei Investments bleibt in etwa gleich.

Eins ist aber in dieser Diskussion auch bemerkenswert. Die Bundesbürger nutzten diese Niedrigzinsphase konsequent zum Aufbau von Immobilienvermögen – vor allem für den Wohnungsbau. Die gesamten Verbindlichkeiten der privaten Haushalte stiegen diesbezüglich in 2016 auf 1,65 Billionen Euro.

Unter dem Strich erhöhte sich damit die Nettoverschuldung leicht um 0,8%. Also es tut sich doch etwas in unseren Köpfen und in unseren Gewohnheiten. Aber leider viel zu wenig und leider viel zu zögerlich.

Unsere These „Ohne Aktien geht es nicht" gewinnt zunehmend an Bedeutung, da sie Alternativlos zu sein scheint. Wie kann dieser Gedankenansatz untermauert werden:

1. Seit einigen Monaten zieht weltweit die Inflation wieder an und es beginnt damit wieder ein signifikanter Anstieg des Preisniveaus. Der Preisauftrieb in den USA betrug im Februar 2017 2,5%, in Deutschland 2,2%. Mit weiter steigender Inflation sinkt hingegen die Kaufkraft.

2. Die Dividendenzahlungen deutscher und europäischer Unternehmen steigen stetig. Im Jahr 2017 zahlen DAX Unternehmen mehr als **32 Milliarden Euro** an Dividenden. Bei entsprechender robuster Wirtschaftsentwicklung und davon ist momentan auszugehen, wird die Dividendenpolitik der Unternehmen lauten - den Anteilseigner konstant an steigenden Gewinnen teilhaben zu lassen und kontinuierlich die Dividenden weiter zu erhöhen. Dies ist die moderne Form des Sparens, denn auf diesem Wege können Zinserträge von 3-5% per anno erwirtschaftet werden. Davon ausgenommen sind natürlich steigende oder auch fallende Kurse der Aktien.

3. Aktien kauft man als Schutz vor der Inflation!

    In den vergangen 50 Jahren konnten deutsche Aktien (DAX-Werte ab 1967) gemäß Berechnung des deutschen Aktieninstitutes inflationsbereinigt, also abzüglich der Inflation, real pro Jahr um 6% zulegen. Es ist anzunehmen, da momentan nichts dagegen spricht, dass auch in Zukunft verstärkt auf ein Aktieninvestment, auch als Inflationsschutz gesetzt werden kann.

Wir haben also ein eindeutiges Ergebnis aus unseren Recherchen betreff der Anlagegewohnheiten der Deutschen. Vorsicht und Risikoscheu sind die

Merkmale, die sich nur langsamst umkehren lassen. Aber es gibt doch Erkenntnisse, dass der Deutsche Zinserträge sucht und wir uns nicht blenden lassen dürfen von einem signifikanten Anstieg des Geldvermögens. Dieser Anstieg hat andere Ursachen, also nicht ein bereits geändertes Sparverhalten der Deutschen!

Also, müssen wir uns um eine Anlageform Gedanken machen, die einerseits den Ansprüchen der Deutschen gerecht wird, andererseits aber auch deren Vermögen real steigern kann.

Diese Anlageform gibt es – die INOPS-Anlagestrategie

Bevor wir uns aber im Detail damit beschäftigen, bedarf es noch weiterer grundlegender Erkenntnisse, die wir uns erarbeiten wollen, um damit tatsächlich eine Änderung des Anlagedenkens zu erzielen. Denn jeder Pro-

zentsatz der Steigerung in Aktienanlagen oder Investmentfonds bewirkt eine direkte Steigerung des betrieblichen Vermögens in Form von Vertrauen und Wertsteigerung durch steigende Kurse. Dies ist ein direkter Zusammenhang.

Übrigens sind die Spargewohnheiten der US-Amerikaner in Aktien und Investmentpapiere dreimal höher als bei uns in Deutschland. Gut, dass hat natürlich auch Gründe, dass die Amerikaner kein so gutes Rentensystem haben wie wir, keine Sozialversicherung haben wie wir. Aber dennoch bringen sie eine deutlich höhere Akzeptanz gegenüber der Form des Sparens mit Aktien.

Es ist aber auch als ein gutes Zeichen zu werten, dass tendenziell eher diejenigen in Aktien investiert sind, die bereits Aktionäre sind und Erfahrungen mit dieser Anlageklasse gemacht haben. Ebenso positiv zu bewerten ist, dass mehr jüngere Anleger in Aktien und Aktienfonds investieren und die Chance der Aktienanlage nutzen.

WARUM SOLLTE ICH SPAREN ?

Jeder träumt doch von einem kleinen Vermögen!
Sparen ist eine deutsche Tugend!
Wir haben auch genug Geld zum Sparen!

Diese Überschriften haben wir analysiert, dass Sie stimmen und gerade für uns Deutsche bestimmend sind. Dennoch kann anscheinend nicht jeder sparen, weil in unserem Sozialsaat auch eine Anzahl von Menschen (ca. 9

Millionen) wohnen, die sozial abgehängt, arbeitssuchend, krank oder allein-
erziehend sind.

2.1 Ich kann doch gar nicht sparen

Gerade von dieser Menschengruppe, die mit unter am Existenzminimum
kratzt, ist oft zu hören – ja, ich kann doch gar nicht sparen. Dabei lässt sich
Sparen auch an vielen Kleinigkeiten festmachen, die an Gewohnheiten, oder
an Verhaltensmustern festzumachen sind.

Dazu fünf gut gemeinte Vorschläge:

1. Seine eigenen Gewohnheiten kritisch hinterfragen
2. Am Monatsanfang einen kleinen Betrag zurücklegen
3. Immer bar bezahlen!
4. Am Wochenende die Geldbörse ins Sparschwein entleeren
5. Haushaltsbuch führen

So kann Geld dann tatsächlich erspart werden, um in andere vermögensbil-
dende Sparformen überführt zu werden.

Für die rund 7 Millionen Menschen, die in Deutschland vom Arbeitslosengeld II oder von der Sozialhilfe leben, ist das mit den Rücklagen natürlich besonders kompliziert. Nicht nur wegen der meist chronischen Ebbe in der Haushaltskasse, sondern auch wegen des amtlichen Verbots des Vermögensaufbaus.

Dabei gibt es allerdings Ausnahmen - etwa die geltenden Freibeträge, die mit 150 Euro x Lebensjahre und einem Höchstbetrag von 9750 Euro beziehungsweise 16.250 für Renten schon grundsätzlich nicht so gering sind.

Außerdem werden einzelne Riester-Sparformen zur Absicherung der Rente oder zum Erwerb eines Eigenheims auch bei Hartz IV häufig nicht genutzt. Für jedes minderjährige Kind in einer Bedarfsgemeinschaft erhöht sich auch der Freibetrag dann noch um einen bestimmten Satz. Man kann - und darf! - also durchaus auch bei Hartz4-Bezügen noch Rücklagen bilden.

Es gibt kein wirkliches Hindernis für Kapitalanlagen, und dabei auch viele

sehr gut geeignete Anlageformen für gerade Kleinstanleger. Gerade für Geringverdiener sind solche Rücklagen im wahrsten Sinne des Wortes lebenswichtig. Und sich wenigstens zwei oder drei Euro vom Wocheneinkauf abzuknapsen ist - seien wir doch ehrlich - ist wirklich für jeden möglich. Und das ist immerhin schon ein wichtiger Anfang.

2.2 Befristet Eingestellte

Fast jeder zehnte Arbeitnehmer in Deutschland hat einen befristeten Job. Bei den 20 - 24-jährigen sogar jeder vierte. Viele dieser Betroffenen sind jung, verdienen wenig und gründen dadurch deutlich seltener oder später eine Familie. Ein Großteil dieser Betroffenen hat ein Beschäftigungsverhältnis im öffentlichen Dienst. Warum sollten diese Menschen sparen? Sie nahmen darüber hinaus in der Zeit der Befristung auch nicht an angebotenen Betriebsrentenprogrammen oder anderen betrieblichen Sparformen teil!

Rund 3,2 Millionen Arbeitnehmer haben dementsprechend keine Planbarkeit, weil sie einen Arbeitsvertrag mit begrenzter Laufzeit haben, Umschüler sind, oder Praktikanten. Darüber hinaus haben Ausländer häufiger einen befristeten Arbeitsvertrag. Das Gehalt während der Befristung entspricht häufig den staatlich verordneten Mindestlöhnen und dadurch ergeben sich im Durchschnitt 23% weniger Verdienst gegenüber einer entfristeten Beschäftigung.

Der entscheidende Nachteil dieser Beschäftigungsform ist, dass diese Gruppe von Arbeitnehmern dann auch einen unterproportionalen Anteil in die Rentenversicherung zahlen und somit massiv Gefahr laufen, später einen Rentenanspruch an der Existenzuntergrenze lediglich erreicht zu haben.

Aus diesem Grund ist gerade für diese doch zahlreiche Bevölkerungsgruppe wichtig, frühzeitig zu sparen und kontinuierlich Erträge zu erwirtschaften.

39

2.3 Altersarmut

Die deutsche Bevölkerung schaut nicht gerade gelassen in ihre persönliche Zukunft. 57 Prozent glauben, dass sie für das Alter nicht ausreichend abgesichert sind und befürchten Altersarmut. Dies ist besonders ausgeprägt bei Jugendlichen aber auch bei der Personengruppe „Ü 50".

Woher kommt diese Wahrnehmung?

Neben der Feststellung des Themas der befristeten Arbeitsverträge kommt grundsätzlich hinzu, dass ein bestimmtes Bruttogehalt monatlich zu erzielen ist, um am Ende eines Arbeitslebens eine maximal möglich Rente erwirtschaftet zu haben. Dieses Bruttogehalt muss also wenigstens oder gleich der Beitragsbemessungsgrenze sein, sprich in 2017 Euro 4350,00.

Zum zweiten bedarf des eines monatlichen Einkommens von Euro 2330,00 um im Laufe eines 38-jährigen Berufslebens, um eine Rente in Höhe der staatlichen Altersgrundsicherung zu erzielen!

D.h. dies ist der Grenzbetrag, wenn dieser nicht erreicht wird als Rente, dieser Betrag dann vom Staat aufstockt wird.

Bei ungefähr 38 Millionen Beschäftigungsverhältnissen im Jahre 2016 haben ca. 20 Millionen Beschäftigte weniger Brutto jeden Monat als diese 2330 Euro.

Dies bedeutet, dass ca. 52% dieser Personengruppe im Alter eine durchschnittliche Rente von etwa Euro 800,00 erhalten wird. Also unter der staatlich festgelegten Grundabsicherung.

Dies bedeutet auch, dass die Wahrnehmung der Bevölkerung eine durchaus realistische Wahrnehmung ist. Das Risiko der Armut im Alter steigt.

Mittelfristig- also bis zum Jahr 2030, wird die Altersarmut zwar nicht zum Massenphänomen werden, vorausgesetzt es bleibt bei der aktuellen Gesetzeslage. Der Anteil der Älteren, die Grundsicherung beziehen werden, wird bis zum Jahr 2030 auf etwa 5,5% steigen.

Langfristig - also in der Zeit nach 2030, wird die Altersarmut hingegen wohl stark steigen. Dies wird der Zeitraum dann sein, wenn

- es eine weitere Zunahme der unter durchschnittlich bezahlten Beschäftigungsverhältnisse gibt
- es eine weitere Zunahme der befristeten Beschäftigungsverhältnisse geben wirdes eine Ausweitung des Niedriglohnsektors geben wird
- es eine Abschaffung der Renten-Beitragszahlung für Langzeitarbeitslose geben sollte

Oder anders ausgedrückt: Die Erwerbsarmut von heute wird die Altersarmut von morgen sein.

Es ist also eine überaus dringliche Angelegenheit auch diese Personengruppe zum Sparen zu motivieren, um dem Schicksal der Altersarmut zu begegnen. Es ist damit zu rechnen, dass genau dieses Thema einen sehr hohen Stellenwert in dem anstehenden Bundestagswahlkampf haben wird.

2.4 Kindern einen guten Start geben

Kinder sind das Zukunftspotential. Die Kinder bedürfen unseres besonderen Schutzes und Aufmerksamkeit.

Dies gilt leider nicht für alle unsere Kinder. In Deutschland ist jedes 20. Kind mit Armut konfrontiert. Alarmierender ist, dass von den ca. 13 Millionen Kinder in Deutschland etwa 2,5 Millionen ein Armutsrisiko haben, weil sie in Haushalten leben, die weniger als 60% eines durchschnittlichen Einkommens zur Verfügung haben.

Entsprechend ist nicht nur für diese Gruppe von Kindern, sondern für alle Kinder von extremer Wichtigkeit, dass durch ein konsequentes Sparverhalten der Erziehungsberechtigten den Kindern ein guter Start ins Leben, in die Ausbildung und in die „Versuchungen der Welt" gegeben wird.

Staatlicherseits wird Kindergeld bezahlt. Dies wäre z.B. ein guter Grundstock, der angelegt werden könnte, um diese Ziele zu erreichen. Sicher, dieses Geld wird benötigt, um die wichtigen Lebensunterhaltsthemen zu sichern. Ja, aber dies darf auch nicht zweckentfremdet werden, sondern bedarf eines sorgsamen Umgangs.

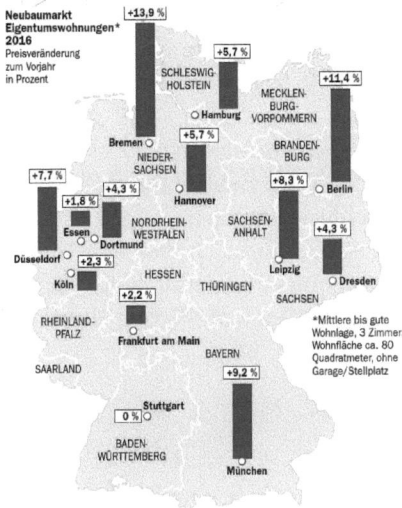

2.5 Immobilienaufbau

Wir erleben zurzeit einen Immobilienboom. Dieser Immobilienboom ist geprägt von der Nullzinspolitik der EZB. Können sich die Banken zu NULL Zinsen Geld bei der EZB leihen, so sind sie in der Lage Kredite zu sehr günstigen Konditionen anzubieten. Zurzeit werden Kredite für Sachanlagen, sprich für Immobilienkäufe um die 1 % im 10-jährigen Bereich angeboten. Tendenz aktuell aber steigend!

Dies bedeutet, dass sehr viele Menschen diese Phase nutzen um Eigentum zu erwerben, denn es stellt sich mit unter günstiger dar, Eigentum zu erwerben als vergleichsweise Miete zu zahlen. Effekt daraus, die Mieten werden immer teurer und der Wohnraum immer knapper.

Diese Entwicklung ist aber endlich. Wenn wir wieder eine Zinspolitik der „normalen" Zinsen einmal haben werden - und diese Zeit wird kommen

- laufen alle diejenigen in eine große Gefahr, die dann, in 10Jahren zum Beispiel, eine Anschlussfinanzierung annehmen müssen, bei einem Zinssatz dann von 4-5%, also das fünf-fache von heute.

Sparen, ja, aber bitte mit dem Hinweis in die Zukunft zu schauen, die berufliche Entwicklung und die freien Beträge für eine Immobilienfinanzierung müssen auch einer Anschlussfinanzierung stand halten. Ansonsten laufen wir in eine Situation, dass in 5 und 10 Jahren eine Vielzahl von Immobilien zwangsversteigert werden muss und dadurch der Immobilienmarkt sehr stark belastet wird und eine Blase zum Platzen kommt. Bildquelle : wikihow. com

Sparen in eine Immobilie ist der richtige zukunftsorientierte Weg. Aber er muss solide und tragfähig sein und finanziell durchführbar sein.

2.6 Ausnutzen der staatlichen Förderungen

Der Staat und der Arbeitgeber haben vereinbart, dass es Anreize zum Sparen gibt. Das Vermögensbildungsgesetz bildet hierzu die Grundlage und beschreibt, wie vermögenswirksame Leistungen entweder in Bausparformen oder in betriebliche Sparformen geregelt werden. Egal ob sie in Sparformen wie Aktienfonds oder Mitarbeiterkapitalanlagen sparen, oder sich für einen Bausparvertrag entscheiden, Zuschüsse von etwa je 400 Euro sind hier erzielbar. Dies ist aber an eine Einkommensobergrenze gebunden, die zurzeit bei ca. 20.000 Euro zu versteuerndem Einkommen liegt.

2.7 So jung möchten die Deutschen in Rente gehen

Sparen wird aber auch notwendig, um einer gesellschaftlichen Entwicklung zu ermöglichen, die eigentlich aus Gesichtspunkten der Demographie so nicht möglich sein kann. Die Deutschen möchten möglichst früh aufhören zu arbeiten, wo hingehend die Demographie ein immer steigendes Renteneintrittsalter erfordert.

Allen aktuellen Debatten zum Trotz, die Deutschen wollen nicht bis zum 65. oder gar 67. Lebensjahr arbeiten. Im Durchschnitt würden Sie am liebsten mit 60,2 Jahren in Rente gehen wollen, wenn sie es sich dann finanziell leisten können. Entsprechend der Meinungsumfrage der GfK aus 2016 können sich lediglich 5% der Befragten damit anfreunden erst mit 67 in Rente zu gehen.

Allerdings ist heute schon abzusehen, dass errechnen auch zuständige Ökonomen, dass das perspektivische Renteneintrittsalter bei ca. 71 Jahren liegen wird.

Tendenziell ist auch aus dieser Umfrage ableitbar, dass je jünger die Befragten waren, je größer der Wunsch nach einem vorzeitigen Ruhestand ist. Eins ist aber sicher, dieses subjektive Empfinden nach frühestmöglichem Ruhestand ist nur realisierbar, wenn entsprechend Vorsorge ergriffen wurde und man sich dies schlicht weg auch leisten kann.

Dies als weiterer gesellschaftstragender Hinweis zum Thema Sparen.

AKTUELLE BETRACHTUNG VERSCHIEDENER UMFELDER DER GELDANLAGE

3.1 Zinsumfeld

Unter Zinsen ist ein Entgelt zu verstehen, welches für einen bestimmten Sachgegenstand oder ein Darlehen über einen bestimmten Zeitraum zu entrichten ist. Zinsen hat der Schuldner somit dem Gläubiger zu zahlen.

Die Höhe der Zinsen wird meist nach Angebot und Nachfrage bestimmt. Der Zins auch Zinssatz genannt wird hierbei in Prozent für einen bestimmten Zeitraum, wie Monat oder Jahr, angegeben.

Zu den wichtigsten Zinsen gehören die der Zentral- und Notenbanken. Diese nutzen Zinsen als Finanzinstrumente ihrer Geldpolitik, um die Preise stabil zu halten und Inflation einzudämmen. Als Geldmarktzinsen werden die Zinsen bezeichnet, welche für die Bargeldaufnahme am Kapitalmarkt bezahlt

werden müssen. Dieser Zins wird besonders zwischen Banken untereinander oder zwischen Geldinstituten und der Zentralbank als Leitzins wichtig.

Zu den Zentralbankzinssätzen zählen neben dem Leitzins - auch Hauptrefinanzierungsinstrument genannt - die Spitzenrefinanzierungsfazilität sowie Diskont- und Lombardsatz. Der Kapitalmarktzins bezeichnet indes den Zinssatz für langfristige Buchgeldkredite auf dem Geldmarkt.

Weitere Marktzinssätze von großer Bedeutung sind die European Interbank Offered Rate, kurz Euribor, der Zinssatz, den europäische Banken untereinander beim Handel von Einlagen erheben und der Euro Overnight Index Average, kurz EONIA, der Tagesgeldzinssatz für die Europäische Gemeinschaftswährung Euro. Hinzu kommt die London Interbank Offered Rate, kurz Libor, welche den Referenzzinssatz im Interbankengeschäft darstellt.

Zu Bank- und Sparkassenzinsen gehören Kreditzinsen, Sparzinsen sowie Hypothekenzinsen. Weitere wichtige Zinsen sind auch Baufinanzierungszinsen, Zinsen für Festgeld sowie Tagesgeldzinsen.

Das aktuelle Zinsumfeld kann auf Basis langfristiger historischer Daten nicht als normal bezeichnet werden.

Die Zinsen im Euro-Raum befinden sich seit Anfang 2015 auf einem historisch niedrigen Wert. So ist der Zinssatz der EZB, der Europäischen Notenbank, NULL.

Kreditzinsen für den Kauf von Immobilien liegen bei etwa bei 1 %.

Staatsanleihen, zum Beispiel, deutsche Staatsanleihen, verzinsen das eingezahlte Kapital zu NULL Prozent Zinsen

Für Spareinlagen auf Sparbüchern werden minus 0,1 – plus 0,1 Zinsen gezahlt.

Konsum-Kreditzinsen sind für 2,5- 3% erhältlich

Bausparguthaben werden mit bis zu 1% verzinst

Im März 2017 ist abzusehen, dass wir möglicherweise das Zinstief in allen Zins-Bereichen gesehen haben. In den Vereinigten Staaten wurde bereits zum dritten mal im März 2017 der Zins der FED angehoben auf jetzt 0,75 – 1 %. Wir müssen feststellen, dass aufgrund der anziehenden Inflation die EZB mit ihrer Null-Zins-Politik immer stärker unter Anhebungsdruck gerät.

Die Kreditzinsen für Immobilienvorhaben sind bereits angezogen und betragen jetzt 1,5 -2 % je nach Laufzeit der Kreditverträge.

Lediglich, und dies ist nicht untypisch, die Guthabenzinsen bewegen sich nicht.

Es ist im Euro-Raum wohl abzusehen, dass wir dieses Niveau in 2017 noch weiter behalten werden. Aber spätestens Ende 2017/Anfang 2018 werden wir auch im Euro-Raum die Zinswende haben und uns langsam wieder, vorausgesetzt wir haben weiterhin eine stabile Marktwirtschaft und ein stabiles marktwirtschaftliches Umfeld, zu einem Zins-Niveau begeben, was als normal bezeichnet werden kann.

3.2 Makroökonomische Bedeutung des Sparens

Sparen bzw. Änderungen des Sparverhaltens hat mehrere Auswirkungen auf die Volkswirtschaft, die unter den verschiedenen Wirtschaftstheorien aber umstritten ist. Zum einen wird diskutiert, dass ein Anstieg der Spartätigkeit zu niedrigen Kapitalmarktzinsen und damit zu einem Anstieg der Investitionstätigkeit kommt.

Zum anderen führt ein Anstieg der Spartätigkeit zu einem Nachfrageausfall. Dadurch sinken Gewinne aus bereits getätigten Investitionen und es stehen weniger Finanzierungsquellen zur Verfügung. Die Banken verringern dabei ihre Bereitschaft zur Kreditvergabe. Dies beobachten wir zurzeit, dass die Bereitschaft der Banken, trotz Niedrigzinsen, sehr gering ist, Kredite zu vergeben. Sie parken das geliehene Geld lieber bei der EZB.

Selten ist es, dass Sparen auf Basis eines großen Vermögens und als Einmalzahlung erfolgt. Vielmehr erfolgt Sparen durch das Einbringen vieler kleinerer Geldbeträge und dies regelmäßig.

Das Sparen in vielen kleinen Etappen hat beim Einstieg in den Aktien-, Renten- oder Rohstoffmarkt gleich mehrere Vorteile. Zum einen ist es psychologisch leichter, kleinere Beträge zu investieren, als per Einmaleinlage in einen Markt einzusteigen.

Der Durchschnittskosteneffekt trägt tatsächlich dazu bei, den Einstiegspreis über Monate zu glätten. Mal kauft man günstiger, mal etwas teuer ein, je nach Marktlage. Da aber immer der gleiche Betrag investiert wird, wandern bei einem gesunkenen Kurs, etwa beim DAX, dann halt mehr Anteile ins Depot. Steigt der DAX, werden weniger Anteile im Depot verbucht.

In einer Aktienflaute, als einer längeren Durststrecke am Markt, sammelt der Sparer damit Anteile jeweils günstig ein. Dies ist ein psychologischer Aspekt, der den Skeptikern unter den Anlegern helfen kann.

3.3 Aktienmarkt

Experten sehen nach dem Ausgang der US-Präsidentschaftswahl deutliche Chancen für Investoren an den Aktienmärkten. Die Einschätzungen der Anleger zu Donald Trump und zu den Folgen des überraschenden Wahlausgangs auf die Börsenentwicklung seien derzeit zu negativ.

Gleichzeitig deuten in 2017 erhobene Daten auf ein sehr positives Umfeld für die Konjunktur und den Aktienmarkt hin.

Im Vorfeld der Wahl hatten sich besonders institutionelle Anleger jedoch - nachdem sie zuletzt beim Brexit auf dem falschen Fuß erwischt wurden - eher vorsichtig positioniert. In diesem Spannungsfeld aus "Trump-Angst" bei den Investoren und positiven Perspektiven für die Börse ergeben sich Potenziale.

Einschlägige Indikatoren sprechen eine deutliche Sprache, die Wahl von Donald Trump wird zu einseitig negativ gesehen. Damit wird keine politische Einschätzung des künftigen Präsidenten geteilt, sondern lediglich die Rückkopplung seiner Ankündigungen auf Konjunktur und Kapitalmärkte.

Und diese sind durchaus positiv zu sehen. Aus durchgeführten Analysen ergibt sich ein weiterhin hohes Grundvertrauen in Aktien und eine signifikant positive Ertragserwartung für Aktien auf Sicht der kommenden Monate.

Die langfristig positiven Stimmungssignale für die Konjunktur dürften demzufolge Rückenwind erhalten, wenn Trump seine Ankündigungen zur künftigen Wirtschaftspolitik auch umsetzt. Starke Investitionen zum Beispiel in die Infrastruktur, in Verbindung mit der Bereitschaft, die Staatsverschuldung zu erhöhen, könnten die Konjunktur weiter anheizen.

Wenn man daraus Risiken für den Aktienmarkt benennen sollte, dann sind dies :

- Trump erfüllt nicht die in Ihnen gesetzte Hoffnungen und kann die angekündigten Maßnahmen nicht umsetzten
- Politische Unsicherheiten bestehen in den anstehenden wichtigen europäischen Wahlen in Frankreich und Deutschland in 2017
- Wir haben eine latente, immerwährende Gefahr politischer Unruhen und Veränderungen im Ost-West-Verhältnis, aber auch im Nord-Süd-Verhältnis
- Terroristische Anschläge sind immer und jederzeit möglich

- Die Auswirkungen des Brexit's sind nicht absehbar. Der Brexit beginnt am 31.03.2017 und muss binnen zwei Jahren abgeschlossen sein
- Protektionistische und wirtschaftliche Veränderungen sind zurzeit in ihren Definitionen und Auswirkungen nicht abschätzbar

Aber auch detaillierte positive Themen sind erwähnenswert:

- Die Fiskalpolitik der EZB wird in 2017 Bestand haben
- Alle Wirtschaftindikatoren ZEW, IFO sind für die Konjunktur in 2017 positiv
- Das Wirtschaftwachstum wird in 2017 1,4% betragen, in 2018 wird dies 1,7% sein
- Die Ertragssituation der Wirtschaft/Konzerne wird weiterhin positiv sein. Fundamental sind die Firmen bestens aufgestellt und erwirtschaften weiter hohe Gewinne. Dies lässt nach Ablauf der Berichtsaison März 2017 eine diesbezügliche Einschätzung zu
- Die Staatsausgaben werden weiterhin ohne Kredite auskommen, die steuerlichen Einnahmen und Einzahlungen in die Renten- und Sozialkassen werden weiter steigen, wegen der guten Konjunktur und Arbeitsmarktbelebung

3.4   Hypothekenmarkt

Weiter niedrige Zinsen für Sparer - wieder höhere Zinsen für Hausbauer!

Zu Beginn des Jahres 2017 wird die Zinswende spürbar. Die Banken rechnen damit, dass sich die Zinsen in Deutschland wieder mehr als verdreifachen werden.

Nicht nur in Amerika, auch in Deutschland dürften die Zinsen im Jahr 2017 steigen. In einer Umfrage der F.A.Z. unter 25 Banken, Vermögensverwaltern und Versicherungen prognostizierte die große Mehrheit für das Jahr 2017 einen spürbaren Anstieg der Kapitalmarktzinsen. In Amerika dürfte die Ren-

dite von Staatsanleihen mit zehn Jahren Laufzeit bis zum Jahresende bei 2,7 Prozent stehen, meinten die Analysten im Schnitt. Viele sehen sie sogar bei 3 Prozent und mehr. Aktuell steht sie bei 2,5 Prozent.

In Deutschland werde sich die Rendite der zehnjährigen Bundesanleihen im selben Zeitraum von 0,18 auf 0,66 Prozent mehr als verdreifachen, sagen die Banken vorher. Der Anstieg in Deutschland wäre damit also, wenn auch von niedrigerem Niveau aus, proportional sogar stärker als in Amerika. Die Allianz und die Société Générale sehen die Bundesanleihen-Rendite zum Jahresende sogar bei 1 Prozent.

Vieles spricht dabei dafür, dass die sogenannte Zinsstrukturkurve 2017 steiler wird. Das bedeutet, vor allem die langfristigen Zinsen steigen. Die kurzfristigen Zinsen, die sich enger an den Leitzinsen orientieren, bleiben niedriger.

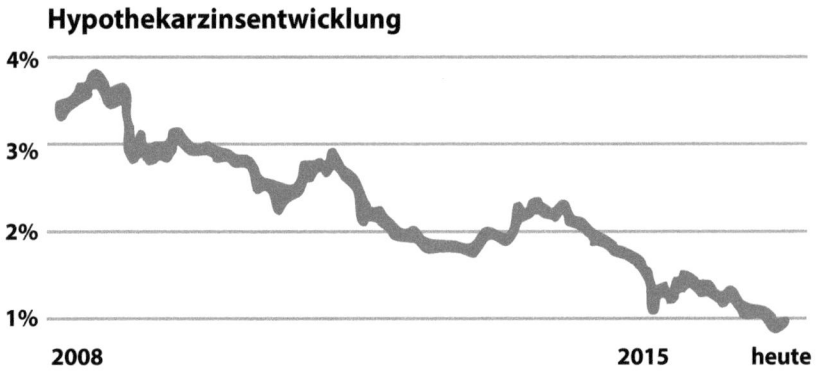

Hypothekarzinsentwicklung

Bildquelle : hypotheken-boerse.ch

Die Zinsen für Baudarlehen, die sich recht eng an den Kapitalmarktzinsen orientieren, würden im neuen Jahr wieder etwas höher ausfallen. Aktuell liegen sie im Schnitt bei 1,35 Prozent, bei einer Zinsbindung von zehn Jahren. Die Zinsen für Sparguthaben und Tagesgeld, die sich stärker an den

Leitzinsen orientieren, dürften weiter niedrig bleiben. Schließlich hat die Europäische Zentralbank (EZB) bisher noch nicht erkennen lassen, dass sie an Zinserhöhungen denkt.

Im Einzelnen haben die Banken dabei recht unterschiedliche Vorstellungen davon, wie es mit den Zinsen im nächsten Jahr weitergeht. So rechnet das Bankhaus HSBC Trinkaus & Burkhardt damit, dass am Jahresende 2017 auch die Rendite der zehnjährigen Bundesanleihen noch negativ sein und minus 0,2 Prozent betragen könnte.

Die übrigen Banken rechnen mit einer positiven Rendite der zehnjährigen Bundesanleihe. Die Landesbank Hessen-Thüringen, die in den vergangenen Jahren oft ganz erfolgreich mit Prognosen war, liegt diesmal eher am unteren Ende der Zinsprognosen: Sie rechnet nur mit 0,5 Prozent Rendite für die zehnjährige Bundesanleihen zum Jahresende 2017. Für die zweijährige rechnet sie, wie alle anderen befragten Institute auch, sogar weiter mit einer negativen Rendite: minus 0,45 Prozent sagt die Helaba vorher, minus 0,6 Prozent die Deutsche Bank.

Auffällig ist, dass die meisten Banken im vorigen Jahr das Tempo der Zinserhöhungen überschätzt hatten. Die Niedrigzinsphase hält sich auf der ganzen Welt deutlich hartnäckiger, als die Analysten zuvor angenommen hatten.

Der Brexit-Beschluss dagegen hat nur einen kurzen Einfluss auf das Welt-Zinsniveau ausgeübt, während die sachlich weit überzogene Deflationsangst wohl einen größeren Effekt gehabt hat. Insgesamt tragen politische Unsicherheiten etwas zur zurückhaltenden Investitionstätigkeit in der westlichen Welt bei. Dies drücke sich auch in einer geringen Kreditnachfrage und deshalb einem niedrigen Zinsniveau aus.

Wenn man vergleicht, welche Banken im vorigen Jahr mit ihren Prognosen ganz gut waren, dann haben vor allem Skeptiker gegenüber der Zinsentwicklung recht behalten. Die Citigroup beispielsweise hatte zum Jahresende 2016 eine Rendite der zehnjährigen Bundesanleihe von 0,4 Prozent vorhergesagt, die französische Bank BNP Paribas hatte auf 0,5 Prozent getippt.

Damit stellten sie in einer Umfrage vor einem Jahr Ausreißer nach unter dar. Trotzdem lagen sie dann doch weit über jenen 0,18 Prozent, die zuletzt für die Bundesanleihe notiert wurden.

Prognosen zur deutschen Zinsentwicklung im Jahr 2017				
	Bundesanleihen 10 Jahre		Bundesanleihen 2 Jahre	
	Jahresmitte	Jahresende	Jahresmitte	Jahresende
Allianz	0,70	1,00	-0,50	-0,30
Bayern LB	0,40	0,60	-0,80	-0,70
Berenberg	0,50	0,75	-	5.700,00
BHF-Bank	0,50	0,70	-0,60	-0,40
BNP Paribas	0,50	0,75	-0,60	-0,50
Commerzbank	0,25	0,40	-0,65	-0,65
Deka	0,45	0,55	-0,55	-0,50
DB AWM	-	0,80	-	-0,50
Deutsche Bank	-	0,90	-	-0,60
DZ Bank	0,30	0,75	-0,65	-0,60
Helaba	0,35	0,50	-0,60	-0,45
HSBC Trinkaus&Burkhardt	0,05	-0,20	-0,60	-0,65
HSH Nordbank	0,30	0,60	-0,75	-0,40
ING-Diba	0,40	0,80	-0,80	-0,60
J.P. Morgan	0,60	0,90	-0,65	-0,60
Bankhaus Lampe	0,30	0,50	-0,75	-0,50
LBBW	0,50	0,60	-0,70	-0,60
M.M. Warburg	0,50	0,70	-0,75	-0,70
Nord LB	0,50	0,70	-0,70	-0,65
Postbank	0,30	0,50	-0,70	-0,60
Sal. Oppenheim	0,35	0,50	-0,55	-0,40
Santander Asset Mngm	0,30	0,60	-0,60	-0,40

Société Générale	0,70	1,00	-	-
UBS	0,35	0,50	-	-
Unicredit	0,50	0,80	-0,60	-0,55
Durchschnitt	0,42	0,65	-0,66	-0,54
Aktuell (29. Dezember)		0,18		-0,80
Jahresprognosen 2016	0,75	0,97	-0,31	-0,23

Quelle: Unternehmensangaben FAZ, März 2017

3.5 Immobilienmarkt

Für **Immobilieninvestoren** in Deutschland war 2016 weitestgehend ein gutes Jahr.

Für Investoren von gewerblichen Immobilien wie auch Nutzer wird die Immobiliensuche 2017 noch anspruchsvoller. Weil die Anfangsrenditen höchstens noch geringfügig nachgeben werden, dürften die Investoren nach Mietwachstumspotenzial suchen. Aus Investorensicht hat Frankfurt durch den Brexit gewonnen. Dabei wird es immer wichtiger nach attraktiven Lagen zu suchen, die noch bezahlbar sind. Entsprechend lohnt es sich zunehmend bei B- und C-Lagen Interesse zu entwickeln.

Bezüglich der lang erwarteten Zinswende ist Skepsis angebracht. Während in den USA eine langsame Zinswende ansteht, fehlt es dafür in der Eurozone an den Voraussetzungen. Das Wirtschaftswachstum bleibt verhältnismäßig schwach und die Inflation niedrig. Insofern ist im Jahr 2017 weder mit Leitzinserhöhungen der EZB noch mit nennenswerten Anstiegen der Renditen langfristiger Anleihen zu rechnen. Bleibt die Nachfrage nach Immobilien in Deutschland hoch, und davon ist auszugehen, könnten die Anfangsrenditen in einigen Segmenten nochmals leicht fallen.

Alternative Assetklassen wie Logistik, Pflege und Studentenwohnheime werden im nächsten Jahr für institutionelle Investoren eine immer größere Rolle in ihrem Portfolio spielen. So werde beispielsweise die adäquate Bedienung der letzten Meile bewirken, dass Logistikflächen immer stärker in die Innenstädte vordringen. Die bislang existierenden Logistikimmobilientypen seien hierfür aber nicht geeignet. Deshalb müssten neue Formate entstehen.

Aus Sicht des **Privatinvestors** für Selbstbezug oder Vermietung einer Immobilie kann folgendes festgehalten werden. Die Immobilienpreise werden in 2017 auch weiter steigen, nicht nur in den A-Lagen, sondern auch in den B- und C-Lagen. Dies bedingt das weiterhin günstige Kreditzins-Umfeld, eine stetige Verknappung der Immobilienflächen, wie auch der Immobilien selbst.

Dies bedeutet, dass wer immer es sich leisten kann und fundamentale Entscheidungskriterien für eine Immobilie positiv hat beantworten können, wird auch in 2017 versuchen, den Kauf oder den Bau einer Immobilie zu realisieren.

Kommunen, Städte und Länder sind weiter politisch interessiert Wohnraum zu schaffen und auch günstigen sozialen Wohnraum zu fördern. Mit der Flüchtlingswelle und auch Verschiebungen von arbeitsmarktbedingter Attraktivität, ergeben sich entsprechende Nachfragen.

Also, alles in allem eine grundlegend positive Grundstimmung auch für den Immobilienmarkt in 2017

CHANCE/RISIKEN

4.1   Historie der Aktienmärkte

Der **DAX** (eine Abkürzung für Deutscher Aktienindex) ist der bedeutendste deutsche Aktienindex. Er spiegelt die Entwicklung der 30 größten und umsatzstärksten Unternehmen wieder, die im Prime Standard an der Frankfurter Wertpapierbörse gelistet sind. Seit dem 21. Juni 1999 wird der Index-Stand nur noch anhand der Xetrakurse ermittelt.

Zunächst war der DAX nicht als Konkurrenz, sondern als Ergänzung zu den anderen etablierten deutschen Aktienindizes gedacht. Inzwischen hat er diese an Bekanntheit hinter sich gelassen und ist als Leitindex für den deutschen Aktienmarkt national und international etabliert.

Der DAX wurde gemeinsam von der Arbeitsgemeinschaft der Deutschen Wertpapierbörsen, der Frankfurter Wertpapierbörse und der Börsen-Zeitung entwickelt und am 1. Juli 1988 eingeführt. Er setzt den Index der Börsen-Zeitung fort, dessen Geschichte bis ins Jahr 1959 zurückgeht. Für den 31. Dezember 1987 ist er auf 1.000 Indexpunkte normiert worden.

Der DAX wird sowohl als Performance- als auch als Kursindex veröffentlicht. Übliche Konvention ist, dass unter der umgangssprachlichen Bezeichnung **DAX** der Performanceindex verstanden wird. Anders z. B. der **EURO STOXX** 50 Aktienindex europäischer Standardwerte, bei dem üblicherweise vom Kursindex die Rede ist. Beim Performanceindex werden die Dividenden aus den im DAX enthaltenen Titeln in den Index reinvestiert, während sie beim Kursindex unberücksichtigt bleiben.

Neben dem DAX gibt es aktuell noch die Nebenwerteindices MDAX, SDAX und TecDAX. All diese Indizes geben ein gutes Bild über die wichtigsten deutschen börsennotierten Firmen.

Bildquelle : Deutsches Aktieninstitut

Die Entwicklung des DAX in den Jahren seit 1988 und zurückgerechnet bis in Jahr 1959 zeigt eine beeindruckende Entwicklung. Dabei hat der DAX Höhen und Tiefen erlebt.

Die wichtigsten Ereignisse seien kurz erwähnt:

Juli 1988	Der Dax erblickt das Licht der Welt
Oktober 1989	Der United-Airline-Crash
1997-1998	Asienkrise
1997-2003	Aufstieg und Niedergang des „Neuen Marktes"
1998-1999	Die Russlandkrise
2000-2003	diverse Skandale
September 2001	Anschlag World Trade Center
März 2000-2003	Die Technologie-Baisse
Juli 2007-2009	Die Weltwirtschaftskrise
November 2008	Beginn der QE Maßnahmen in den USA
2010-2012	Euro-Schuldenkrise

Und dann??

Sie sehen, viele Ereignisse positive aber auch negative haben Einfluss auf den DAX. Bei all diesen Einflüssen kann man aber eins klar festgehalten werden.

Wer langfristig im DAX oder in DAX-Werten engagiert war, konnte über all diese Jahre eine durchschnittliche Rendite von 8,8% per anno erwirtschaften.

WAS TUN!?

Wie sie dem Schaubild „Dax-Renditedreieck" entnehmen können, lässt sich hier sehr leicht herausfinden, welche Renditen man hatte, wenn man in einem bestimmten Jahr gekauft hat und in einem bestimmten Jahr verkauft hat.

Auf der Homepage des deutschen Aktieninstitutes www.dai.de können Sie dieses Renditedreieck auch herunterladen.

Wenn das keine Erfolgsgeschichte ist!

Der DAX ist also für den mittel- und langfristig orientierten Anleger eine hervorragende Messgröße seine jeweiligen Erfolg zu hinterfragen. Beachtlich ist ebenso, dass bei den Schwestern des DAX, dem MDAX, SDAX und TecDAX über die Jahre des Bestehens, ein noch bessere jährliche Rendite erwirtschaftet werden konnte.

Dies ist nicht verwunderlich, weil in diesen Indizes eher mittlere und kleinere Firmen gelistet sind, also Mittelständler, Familien geführte Unternehmen, die in vielen Fällen sogar Weltmarktführer in ihren Branchen sind und flexibel, wie auch kundenorientiert sehr viel schneller am Markt agieren können, als die Schwergewichte im DAX.

4.2 Aktienentwicklung seit 1959

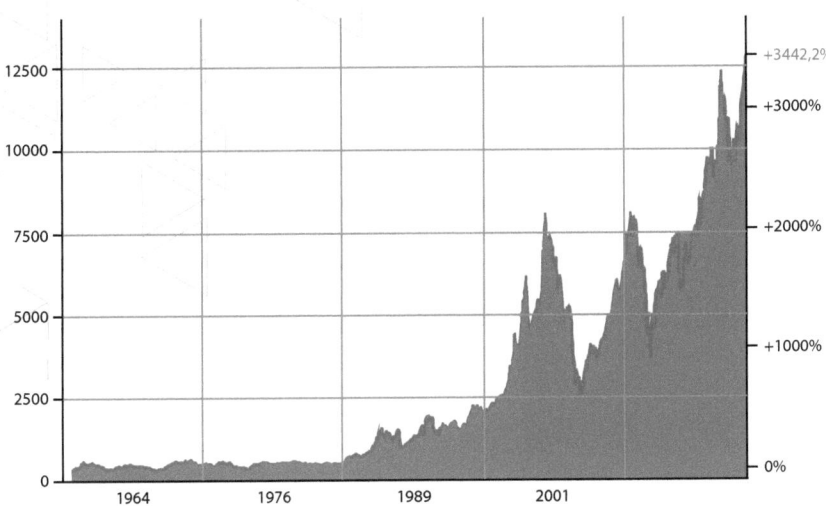

Bildquelle : finanzen.net

War man seit 1959 im DAX, oder in DAX-Werten engagiert, so hat man bis Ende 2016 eine Rendite von + 3.072% erzielen können. Hinzu kommen noch die Dividendenzahlungen, die sich von Jahr zu Jahr, gerade in der letzten Zeit, erheblich steigern.

Bildquelle : Deutsche Boerse.de

Dax Jahres-Schlusskurse

Jahr	Erster	Hoch	Tief	Schluss	%
2017	11.481,10	12.095,24	11.481,10	12.064,30	5,08%
2016	10.743,00	11.481,06	8.752,87	11.481,10	6,87%
2015	9.805,55	12.374,73	9.427,64	10.743,00	9,56%
2014	9.552,16	10.087,12	8.571,95	9.805,55	2,65%
2013	7.612,39	9.589,39	7.459,96	9.552,16	25,48%
2012	5.898,35	7.672,10	5.898,35	7.612,39	29,06%
2011	6.914,19	7.527,64	5.072,33	5.898,35	-14,69%
2010	5.957,43	7.077,99	5.434,34	6.914,19	16,06%
2009	4.810,20	6.011,55	3.666,41	5.957,43	23,85%
2008	8.067,32	7.949,11	4.127,41	4.810,20	-40,37%
2007	6.596,92	8.105,69	6.447,70	8.067,32	22,29%
2006	5.408,26	6.611,81	5.292,14	6.596,92	21,98%
2005	4.256,08	5.458,58	4.178,10	5.408,26	27,07%

WAS TUN!?

2004	3.965,16	4.261,79	3.646,99	4.256,08	7,34%
2003	2.892,63	3.965,16	2.202,96	3.965,16	37,08%
2002	5.160,10	5.462,55	2.597,88	2.892,63	-43,94%
2001	6.433,61	6.795,14	3.787,23	5.160,10	-19,79%
2000	6.958,14	8.064,97	6.200,71	6.433,61	-7,54%
1999	5.002,39	6.958,14	4.678,72	6.958,14	39,10%
1998	4.249,69	6.171,43	3.896,08	5.002,39	17,71%
1997	2.888,69	4.438,93	2.848,77	4.249,69	47,11%
1996	2.253,88	2.909,91	2.253,88	2.888,69	28,17%
1995	2.106,58	2.317,01	1.910,96	2.253,88	6,99%
1994	2.266,68	2.271,11	1.960,59	2.106,58	-7,06%
1993	1.545,05	2.266,68	1.516,50	2.266,68	46,71%
1992	1.577,98	1.811,57	1.420,30	1.545,05	-2,09%
1991	1.398,23	1.715,80	1.322,68	1.577,98	12,86%
1990	1.790,37	1.968,55	1.334,89	1.398,23	-21,90%
1989	1.327,87	1.790,37	1.271,70	1.790,37	34,83%
1988	1.000,00	1.340,41	931,18	1.327,87	32,79%
1987	1.432,30	1.570,30	945,90	1.000,00	-30,18%
1986	1.366,20	1.586,00	1.248,60	1.432,30	4,84%
1985	820,90	1.366,20	820,30	1.366,20	66,43%
1984	774,00	820,90	692,70	820,90	6,06%
1983	552,80	777,00	530,00	774,00	40,01%
1982	490,40	554,60	476,60	552,80	12,72%
1981	480,90	548,20	468,30	490,40	1,98%
1980	497,79	535,20	473,90	480,90	-3,39%
1979	575,10	593,30	492,25	497,79	-13,44%
1978	549,30	611,67	525,01	575,10	4,70%
1977	509,02	567,56	491,35	549,30	7,91%
1976	563,25	593,82	486,74	509,02	-9,63%

1975	401,79	566,18	401,79	563,25	40,19%
1974	403,88	436,42	372,26	401,79	-0,52%
1973	536,36	580,99	386,32	403,88	-24,70%
1972	474,21	596,87	471,16	536,36	13,11%
1971	446,24	543,53	423,81	474,21	6,27%
1970	618,11	629,11	444,42	446,24	-27,81%
1969	557,70	659,20	548,41	618,11	10,83%
1968	503,22	603,19	503,22	557,70	10,83%
1967	333,36	503,22	319,93	503,22	50,95%
1966	423,44	453,38	324,99	333,36	-21,27%
1965	479,27	491,61	422,03	423,44	-11,65%
1964	441,74	527,39	441,74	479,27	8,50%
1963	383,90	464,35	346,67	441,74	15,07%
1962	489,79	494,70	316,62	383,90	-21,62%
1961	534,09	591,48	455,98	489,79	-8,29%
1960	412,21	603,79	394,84	534,09	29,57%
1959	374,75	413,81	328,49	412,21	10,00%

Die Tabelle mit den Schlusskursen all der DAX-Jahre gibt ihnen nochmal einen sehr präzisen Eindruck, wie sehr positive und negative DAX-Jahre von besonderen Ereignissen geprägt waren. Wichtig ist abschließend noch anzuführen, dass wir seit nunmehr 8 Jahren eine positive DAX-Entwicklung haben und in dieser Zeit zwar die jährliche Volatilität extrem gestiegen ist, aber dennoch am Ende des Jahres es immer zu einem positiven Endergebnis geführt hat.

Solange der DAX auf fundamentale wirtschaftliche Daten reagiert und politische Ereignisse zwar kurz wahrnimmt und dann ausblendet, haben wir eine berechtigte Hoffnung, dass die Entwicklung noch so gut weitergehen kann.

Der Dax bildet auch immer ein ZUKUNFTBILD ab. Die Kursentwicklung einzelner Werte reagiert sehr stark auf perspektivische Annahmen, Bewer-

tungen von Analysten und Marktveränderungen. Dies ist wichtig zu wissen, um die richtigen Entscheidungen auch treffen zu können.

4.3 Das Jahr 2016

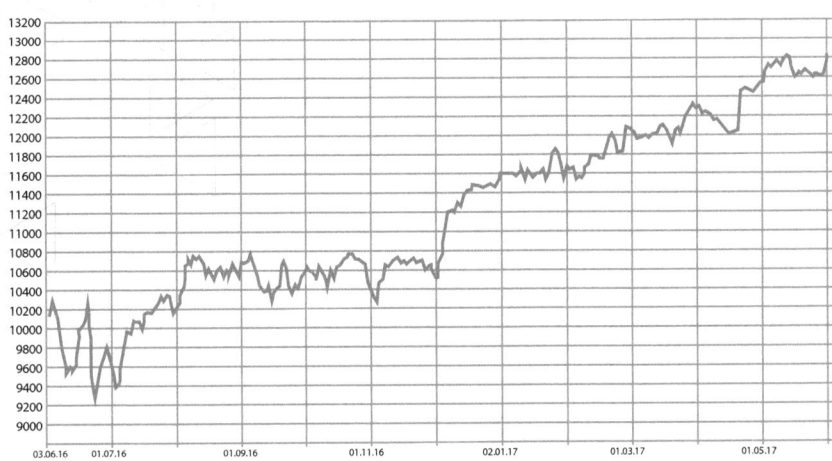

Bildquelle : finanzen.net

Was waren die wesentlichen Einflussfaktoren im Jahr 2016 auf den DAX?

China-Wachstumsschwächen, Brexit-Votum, Trump-Sieg und Regierungskrise in Italien!

Vor allem die Politik hat den Anlegern das Jahr 2016 schwer gemacht. Ergänzend dazu wurden häufig die Sorgen um die globale Konjunktur diskutiert und fanden Beachtung.

Bei all diesen Themen schaffte der DAX das Jahr 2016 trotzdem mit einem positiven Ergebnis. Aber der Reihe nach.

Anfang des Jahres lösten Ängste um maue Konjunkturdaten aus China und ein anhaltender Ölpreisverfall eine heftige Verkaufswelle aus. Die Angst um die Weltwirtschaft ließen den DAX und auch seine Schwestern bis auf 8753 Punkte abrutschen. Im Juni vernichtete der Kurssturz nach dem unerwarteten Nein der Briten zur Europäischen Union an einem Tag Verluste in Milliardenhöhe an weltweiten Börsen. Die überraschende Wahl von Donald Trump zum US-Präsidenten sorgte dahingehend nur kurz für einen Kursknick.

Demgegenüber angetrieben werden die weltweiten Aktienkurse vor allem durch die Geldschwemme der großen Notenbanken, wie der Fed, der EZB und der Bank of Japan. Allerdings zog die US-Notenbank Mitte de Jahres wieder die geldpolitischen Zügel an, was aber die Geldmenge des QE-Programms nur marginal entgegen wirkte.

In Japan und im Euroraum ist dahingehend das Geld weiterhin extrem billig. Die EZB verlängerte sogar Anfang Dezember 2016 ihre milliardenschweren Käufe von Staatsanleihen und anderen Wertpapieren bis Ende 2017. Die Zinsen sollen entsprechend länger noch niedrig bleiben. Das bedeutet weiterhin für den Kleinsparer - keine Zinserträge auf seinen geliebten Sparbüchern und ähnlichen Anlageformen. Deshalb flüchteten die Anleger auch 2016 in die Aktien, aber nur spärlich.

4.4 AUSBLICK AUF 2017

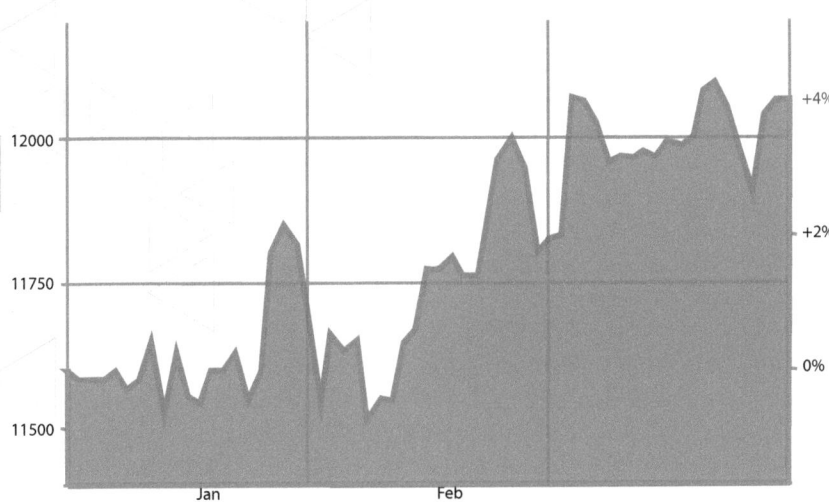

Bildquelle : finanzen.net

Der fortbestehende Mangel an attraktiven Anlagemöglichkeiten wird in Verbindung mit einer guten konjunkturellen Weltwirtschaft auch in 2017 die Aktienmärkte positiv beeinflussen. Viele positiv gestimmte Experten trauen dem DAX einen Anstieg auf rund 12.750 Punkte zu. Skeptiker hingegen sehen den DAX am Jahresende bei 11.300 Punkten.

Einflussfaktoren in 2017 könnten daher die Präsidentschaft des neuen US-Präsidenten sein, der viel versprochen hat und möglicherweise wenig wird halten können. Hier sind im Wesentlichen die Themen anzuführen, wie Einschränkung des Freihandels, Aufbau von Handelsbarrieren, in Aussicht gestellte Steuersenkungen, Zurücknahme des Klimaabkommens, Investitionen in die marode Infrastruktur und Rücknahme des Themas Krankenversicherung (Obamacare).

Ende März hat Großbritannien den Austritt aus der EU beantragt, eine weitere Unsicherheit. Es stehen entscheidende Wahlen in Europa an, wie in Frankreich im April und September in Deutschland. Hier gilt im Allgemeinen die Sorge, dass populistische Strömungen und Rechtspopulisten entscheidend Einfluss gewinnen können.

Eins wird aber sicher sein auch in 2017. Es wird wieder einen Dividendenregen geben, da die Konjunktur läuft und die Gewinne der Unternehmen wiederum deutlich zulegen werden. Es ist anzunehmen, dass die diesjährige Dividendensumme von etwa 32 Milliarden Euro im Dax überboten werden wird. Es ist davon auszugehen, dass in Jahr 2017 die Ausschüttungsquote nochmals um 9% steigen wird.

Dies wird 2018 wohl ebenso sein. Aktuell werden von den jeweiligen Gewinnen der börsennotierten Unternehmen etwa 40% als Dividende ausgeschüttet. Das zeigt auch perspektivisch, dass die Unternehmen in der Lage sind, die Dividenden als Gewinne tatsächlich zu erzielen und die Dividendenzahlungen nicht zu Lasten des Grundkapitals auszahlen.

Demzufolge zeigt sich auf Unternehmensebene ein sehr positives Bild für den DAX in der Zukunft ab. Es ist davon auszugehen, dass rund 77% der Unternehmen die Dividenden weiter anheben werden. Weitere 17% sollten die Dividenden konstant halten. Lediglich zwei Unternehmen im DAX werden die Dividenden wohl kürzen.

Von Januar 2017 bis März 2017 konnte der DAX eine Steigerung von + 4% erzielen.

4.5 MITTEL UND LANGFRISTIGER AUSBLICK

Der Ausblick, den man auch auf Basis der Historie wagen kann, ist zweckdienlich. Zum einen ist die Anlage in Aktien, sei es DAX oder seine Schwestern immer eine Frage der Geduld und des langen Atems.

Aufgrund der anhaltenden Zinspolitik der EZB wird es sicherlich Ende 2017 eine Zinswende geben, die aber fundamentale Auswirkungen kurzfristig nicht haben wird. Die Politik des lockeren Geldes wird erhalten bleiben. Damit ist mittelfristig die Anlage in Aktien weiterhin alternativlos.

Die weltkonjunkturellen Aussichten sind weiterhin positiv. Es besteht aktuell keinerlei Anlass an einem Einbrechen dieser Konjunktur zu glauben.

Die Firmen, nicht nur in Deutschland, sind hervorragend aufgestellt, haben zum aller größten Teil ihre Hausaufgaben gemacht und können so positiv in die Zukunft schauen.

Eins bleibt natürlich auch perspektivisch unberührt, die weltweiten Börsen unterliegen oftmals einer bestimmten Psyche, die mit unter nicht zu erklären ist, aber da ist. Denn trotz hochgerüsteter Computer sind es immer noch Menschen, die die Börsen prägen. Als Händler, als Investoren oder auch als Programmierer von Supercomputern. Diese Menschen handeln nun einmal menschlich und beeinflussen so auch das Börsengeschehen.
Analysten, Schwarzseher, Optimisten, die immer und immerwährend das Börsengeschehen kommentieren, tragen im Übrigen ihren Anteil zu einer gewissen Psychologie hinzu.

4.6 STEUERN

Die aktuelle Steuerpolitik in Deutschland bezüglich eines Gewinnes aus Wertpapiergeschäften oder Spargeschäften ist noch klar. Es wird eine Abgeltungssteuer in Höhe von 25% auf den erzielen Gewinn direkt von ihrer Bank abgeführt. Sind Sie Angehöriger einer Konfession, fallen hierzu nochmals Steuern in Höhe ihrer länderspezifischen Abgabe an (zwischen 8 und 9% je nach Bundesland, bezogen auf den Anteil der Abgeltungssteuer).

Sie haben Sparerfreibeträge, die Sie steuerreduzierend bei Ihrer Bank oder dem Institut, wo sie Ihre Erträge erzielen, beantragen können. Bei Einzelpersonen ist dies ein Betrag von Euro 801, bei Verheirateten Euro 1602.In der Einkommenssteuererklärung sind alle Erträge in der KAP-Anlage nochmals anzugeben.

Säulen des Erfolgreichen Sparens

Ich kann mich noch gut daran erinnern, als ich als Heranwachsender meinem Vater die Frage gestellt habe - wie spare ich am besten und mit welchen Instrumenten kann ich das am besten tun? Die Frage wurde vor nahezu 50 Jahren seinerseits, der Zeit entsprechend, wie folgt beantwortet.

Du kannst drei Dinge tun, mit denen du sparen kannst, dass du mittelfristig für Investitionen gut ausgestattet bist und langfristig eine gute Absicherung für dein Alter erreichst. Zum einen schaffe dir eine Immobilie an, mit der du später ein kostenfreies Wohnen erreichen kannst. Schließe eine Lebensversicherung ab und sorge drittens dafür, dass du eine gute BfA-Rente erhalten wirst.

Zu dieser Zeit waren seine Ratschläge richtig und gut. Heute muss man, entsprechend der aktuellen Zeit sagen, dies ist so nicht mehr zu empfehlen.

Eine Lebensversicherung ist zu teuer geworden, weil es keine attraktiven Zinsen mehr gibt und die Abschlussgebühren und Verwaltungsgebühren zu hoch sind. Sich alleine auf die BfA-Rente zu verlassen, wird nicht mehr ausreichen, da die Zusagen nicht mehr den Lebensbedarf decken werden.

Einzig der Erwerb einer Immobilie/Betongold ist nach wie vor ein guter Ansatz zum Sparen.

5.1 IMMOBILIEN

Der Prozentsatz der Immobilienbesitzer ist in Deutschland im EU-Verglich extrem gering. Dies hat Auswirkungen grundsätzlich auf die Vermögenszusammensetzung, aber auch auf die Altersabsicherung.

Wohneigentumsquoten in Europa

Anteil der Bürger in eigenen vier Wänden

	Rumänien	97%
	Slowakei	90%
	Ungarn	90%
	Bulgarien	87%
	Spanien	83%
	Polen	81%
	Tschechien	79%
	Griechenland	77%
	Portugal	75%
	Finnland	74%
	Belgien	72%
	Italien	72%
	Schweden	71%
	Großbritannien	70%
	Dänemark	67%
	Niederlande	67%
	Frankreich	62%
	Österreich	57%
	Deutschland	53%
	Schweiz	44%

EU-27: 71%

Quelle: Eurostat/LBS Research

Grafik: infoch@rt.

Neueste Zahlen des Ifo-Institutes belegen, dass Deutschland im Vergleich zu allen anderen EU-Ländern mit die geringste Immobilien-Quote aufweist.

Obwohl die Nachfragen nach Baufinanzierungen in den letzten Jahren stetig bestiegen sind, liegt der Anteil der privaten Immobilienbesitzer, die auch selbst in dieser Immobilie wohnen, bei lediglich ca. 50%. Im Vergleich dazu wohnen etwa 70% der Europäer in eigenen Immobilien.

Daraus stellt sich natürlich die Frage, woher kommt dies eigentlich, es ist doch eigentlich genügend Vermögen vorhanden?

Ein erster Hinweis könnte dazu sein, das gerade in Ballungszentren der Bundesländer Hessen, Baden-Württemberg und Bayern der Anteil der Immobilienbesitzer gerade einmal 27% beträgt.

Darüber hinaus tut der Bund wenig für den Immobilienbesitz. Beim Kauf eines Hauses oder einer Eigentumswohnung aber auch bei der Errichtung einer solchen Immobilie fallen vergleichsweise hohe Kosten an. Diese Kosten können je nach Bundesland (unterschiedliche Hebesätze von Grunderwerbssteuer) zwischen 9 und 16 Prozent des Kaufpreises liegen.

2007 wurden alle Zulagen zur Förderung der Eigenheime ersatzlos gestrichen. Es sind die Steuervorteile für den Immobilienerwerb zur Eigennutzung weggefallen.

Die Makler- und Notargebühren sind in den letzten Jahren ebenfalls verändert worden. Günstige KfW-Finanzierungen sind an hohe Hürden geknüpft und somit auch nicht so einfach zu erreichen. Wohn-Riester ist ein Tropfen auf den heißen Stein. Also, alles in allem keine gute staatliche Unterstützung für den Aufbau von Wohneigentum.

Und dennoch, die Quote der Immobilienbesitzer in Deutschland steigt und dies ist gut so. Die Suche nach einer sicheren Geldanlage, die Angst vor einer wiederkehrenden Inflation und die historisch niedrigen Bauzinsen sind sicherlich der Grund dafür.

Die Immobilie ist gerade unter diesen Bedingungen ein unverzichtbarer Baustein zum Sparen geworden. Wohnraum wird immer knapper, die Immobilienpreise steigen. Unter diesem Aspekt, dass man im Alter eine mietfreie Wohnung/Haus besitzt, ist dies verlockend und erstrebenswert.

Es gelten dabei noch zwei Aspekte als erwähnenswert.

Erstens, Immobilienbesitz sollte wenigstens 30 Jahre vor einem möglichen Renteneintritt realisiert werden. Damit haben sie die günstigsten Kreditkonditionen. Je älter sie werden und den Bau/Kauf einer Immobilie in Erwägung

ziehen, desto teurer werden die Konditionen des Finanzierungsinstitutes. Am günstigsten erwirbt man eine Immobilie im Alter zwischen 30 und 40 Jahren. Entsprechend ist auch damit einhergehend ein langfristiger Immobilienkredit zu empfehlen.

Zweitens, bevor Sie das Rentenalter erreichen, sollten sie die Immobilie schuldenfrei haben und alle Verpflichtungen erfüllt haben. Sie sollten darüber hinaus ein genügendes finanzielles Polster für anstehende Erneuerungen, Renovierungen und Störungen haben. Nach dreißig Jahren kann dies schon eintreten.

Eine Alternative zu dem Kauf einer Immobilie ist immer noch der Immobilienfond, mit dem sie auch an dem stetig steigenden Wert einer Immobilie partizipieren können. Dabei sollten Sie aber immer den offenen Immobilienfond bevorzugen, den geschlossenen Immobilienfond mit Vorsicht genießen. Der generelle Pluspunkt von offenen Immobilienfonds ist, dass der Anleger mit diesen Fonds am langfristigen Wertzuwachs von Grundvermögen teilnimmt. Gleichzeitig bleibt er flüssig, denn seine Anteile kann er relativ einfach zurückgeben und verkaufen.

5.2 RENTEN U. BETRIEBSRENTE

Gesetzliche Renten ist ein verankerter Baustein unseres Staatswesens und die tragendes Säule eines sorgenfreien Lebens nach dem Berufsleben. Dazu zahlt jeder Erwerbstätige selbst, aber auch jeder Arbeitslose durch den Staat festgelegte Prozentsätze seines Lohnes in die Rentenkasse ein.

Durch den Generationenvertrag wurde immer gewährleistet, dass die in Arbeit befindliche Bevölkerung die Rentner bezahlt. Dies gilt heute leider so nicht mehr, da die Alten immer älter werden und die Jungen immer mehr ausbleiben.

Durch diese demographische Entwicklung kann auf Sicht das System nicht mehr funktionieren. Also musste der Staat entsprechende Maßnahmen ergreifen, um das Rentensystem weiter stabil halten zu können. Da sich aber der Prozentsatz der abzuführenden Beiträge nicht beliebig steigern lässt, bleibt nur eine zweite Möglichkeit - der Leistungsreduzierung.

Dies bedeutet, dass die zukünftigen Rentner immer später in Rente gehen können und dies noch zu verringerten Konditionen. Also, ein perspektivisch schwieriges Umfeld.

Generationen im Wandel
Anzahl der Beitragszahler, die für einen Rentner aufkommen

2040		1,90 : 1
2030		2,20 : 1
2020		2,87 : 1
2010		3,25 : 1
2000		4,13 : 1

Quelle: Bericht der Rürup-Komission

Aktuell kann uns hierzu ein Beispiel helfen: Arbeitet ein Berufstätiger 38 Berufsjahre und zahlt regelmäßig Rentenbeiträge ein, bei einem monatlichen Brutto-Gehalt von Euro 2.350.-, was in etwa dem Durchschnittseinkommen in Deutschland gleichkommt, so erhält er einmal eine Rente von etwa Euro 950. Damit kann keiner ein sorgenfreies Leben im Alter führen.

Was bleibt also übrig? Eine sinnvolle Alternative bzw. Ergänzung zu den ge-setzlichen Renten ist die Betriebsrente. Hier ergeben sich gute Möglichkeiten den gesetzlichen Renten-Verlust durch die betriebliche Rente zu kompensie-ren.

Aber haben sie stets im Hinterkopf, dass diese Renten allesamt Bruttorenten sind und diese versteuert werden müssen und darüber hinaus auch ein Kran-kenversicherungs- und Pflegebeitrag zu entrichten sind.

Also, Brutto ist in diesem Fall nicht gleich Netto!!

Betriebsrenten stellen einen immer größer werdenden Teil der Altersrente dar und werden zum unverzichtbaren Bestandteil einer Altersversorgungs-planung. Viele Betriebe, aber im wesentlichen Mittlere- und Großbetriebe bieten eine Betriebsrente an, die in der Regel gekoppelt ist an die Stellung in der Firma.

Die Beiträge für diese Betriebsrente sind in der Regel Bestandteil ihres Gehaltes, was sie aber über die monatlichen Abzüge nicht sehen. Dennoch ist es nicht unüblich und auch empfehlenswert Angebote zur Verbesserung der betrieblichen Rente anzunehmen, wenn Gehaltsanteile in Betriebsrenten umgewandelt werden können.

Diese Angebote machen die Firmen, profitieren zum einen selbst durch steuerliche Vergünstigungen gegenüber dem Staat von solchen Maßnahmen. Anderseits profitieren sie von diesen Angeboten, weil in der Regel diese Aufstockungen gut verzinst werden und es für sie eine sichere Anlage darstellt.

5.3 VERMÖGENSWERTE SCHAFFEN

Wir haben also die Immobilie, wir haben die gesetzliche Rente, wir haben die betriebliche Rente zur Schaffung eines Vermögens.

Wir benötigen aber noch eine zusätzliche Säule um laufende Investitionen, Reisen, Auto, Kinder usw. versorgen zu können. Dies lässt sich durch kontinuierliches Sparen erreichen, z.B. durch Sparpläne und staatlich gefördertes Sparen, wie zum Beispiel Riester-Sparen.

Schaffen Sie durch kontinuierliches Freimachen von Geldern Spielräume für langfristiges Sparen zu ermöglichen. Hierzu gehört auch Sparen nach dem Vermögensbildungsgesetz respektive die Vermögenswirksame Leistung, was eine Art des betrieblich unterstützen Sparens darstellt.

Sie schließen einen Sparvertrag, einen Bausparer, ein Aktienprogramm, ein betriebliches Aktienprogramm oder ähnliches ab und der Betrieb unterstützt dieses Sparen durch eine monatliche Unterstützung im Rahmen des Vermögensbildungsgesetzes.

Arbeitnehmer-Sparzulage

Als Arbeitnehmer dürfen Sie bis zu 480 Euro im Jahr vermögenswirksam anlegen. Das sind 40 Euro pro Monat, die Ihr Arbeitgeber im Idealfall komplett übernimmt. Wenn sie so wollen ist dies staatlich-geschenktes Geld.

WohnRiester-Förderung

Die Förderung im WohnRiester wird auch gerne als "Eigenheimrente" bezeichnet. Dieser Begriff trifft den Kern der Sache: Vermögen durch eigengenutzte Immobilien aufbauen und als Rentenersatz verwenden. Voraussetzung für die Förderung im WohnRiester ist, dass 4% des Vorjahres-Bruttoeinkommens in ein gefördertes Wohn-Riester-Produkt eingezahlt werden. Da kann einiges zusammenkommen. Bei einer Familie mit Kindern können so über 6.000,00 Euro Förderung in sieben Jahren entstehen!

Die klassische WohnRiester-Förderung erhält man, wenn das angesparte Geld in eine selbstgenutzte Immobilie fließt. Geschieht das nicht, muss die Förderung zurückgezahlt werden. Es wäre also ratsam, diese Förderung nur dann zu beantragen, wenn das angesparte Geld tatsächlich in eine solche Immobilie einfließen wird.

Wohnungsbauprämie

Die Wohnungsbauprämie beträgt 8,8 % der Sparaufwendungen und wird maximal für 512,00 Euro bei Einzelpersonen oder 1.024,00 Euro bei Ehepaaren bezuschusst, sodass die jährliche Höchstprämie bei 45,06 Euro bzw. 90,11 Euro liegt.

Der Volksmund hat beim Begriff Wohnungsbauprämie meist den Klassiker unter den Finanzprodukten im Kopf - den Bausparvertrag. Das liegt vor allen Dingen daran, dass die Finanzinstitute dieses Produkt favorisieren. Auch Einlagen bei Wohnbaugenossenschaften sind Wohnungsbauprämien berechtigt.

Prämienberechtigt ist, wer das 16. Lebensjahr vollendet hat, prämienbegüns-
tigte Beiträge leistet und bestimmte Einkommensgrenzen nicht überschrei-
tet.

5.4 SPAREN FÜR UND IM ALTER

Das Thema staatliche Altersvorsorge ist und wird eines der zentral zu
behandelnden Themen der nahen Zukunft sein, weil das staatliche System
auf Grund der Demoskopie und der immer älter werdenden Bevölkerung
an seine Grenzen stoßen wird. Ich bin mir sehr sicher, dass der anstehende
Wahlkampf in Deutschland im September auch dieses Thema mit hoher
Priorität behandeln wird und die politischen Lager zu einer solchen notwen-
digen Novelle unterschiedliche Ansichten entwickeln werden.

Tatsache ist, das aktuelle System wird perspektivisch kollabieren. Es braucht
eine neue Lösung. Diese neuen Lösungen könnte eine Art Staatsfond sein,
wie wir ihn aus Norwegen kennen. Der Arbeitnehmer zahlt seine Beiträge
in einen Fond ein, der Fondmanager legt dieses Geld am Kapitalmarkt an.
Dies ist sicherlich eine Lösungsform, die das ganze System radikal verändern
würde und, wie ich meine Landsleute kenne, sicherlich auf erhebliche Kritik
stoßen würde.

Die anderen Alternativen bedeuten im Wesentlichen, anpassen des bestehenden Systems durch weiter Flexibilisierung der Renteneintrittsalters, Gebührenanhebung und geringere Auszahlungsquote für den Nutzer.

In diesem Spannungsfeld werden sich notwendige Veränderungen bewegen und je nach politischer Opportunität dann in der nächsten Legislaturperiode ergeben.Wie auch immer diese Diskussion ausgehen wird, der Grundsatz - Der Mitbürger muss sich selbst um seine Altersversorgung kümmern - bleibt damit unangetastet und gewinnt zunehmend an Bedeutung.

Sind hier Wertpapiere eigentlich eine sinnvolle Alternative?

Ja, etwa zwei Drittel der Bevölkerung beschäftigt sich mit diesem Thema. Dies ist, wenn sie so wollen, schon eine grundlegende Gedankenverände-

rung. Dies haben wir auch systematisch so hergeleitet und festgestellt über einen Anlagenzeitraum von 20-30 Jahren ist die Aktienanlage unschlagbar und mit einer durchschnittlichen Rendite von 8% nachweislich mehr als auskömmlich.

In diesem Anlagezeitraum spielten Dotcom-Blasen, Finanzkrise oder ähnliche Ereignisse keine langfristig beeinflussende Rolle.

Wer also sich für ein Wertpapierinvestment für die Altersvorsorge interessiert und dies selbst in die Hand nehmen möchte, was ich empfehlen würde, kann dies mit einer Online-Plattform seines Bankinstitutes problemlos machen. Hier sind Einzeltitel von Aktien jederzeit kauf- und verkaufbar. Dividendengutschriften laufen auf ein Verrechnungskonto. Legen sie die ausgeschütteten Dividendenbeträge wieder in Aktien an, haben sie einen Zinseszins-Effekt, der sich über die Jahre deutlich bemerkbar macht.

Wollen sie lieber in Fonds oder in ETF's investieren, weil sie sagen der indexorientierte Fond oder ERF oder sogar der gemanagte Fond kann eine höhere Rendite erwirtschaften und ist durch seine Streuung krisensicherer, dann können sie dies auf dem gleichen Wege tun, über ihre Online-Plattform.

Hierzu bedarf es aus Sicht der Handhabung, keiner besonderen Kenntnisse. Aber wenn sie sich für eine solche Anlage entscheiden und dies selbst machen wollen, müssen sie sich schon mit dem Thema befassen und verschieden Informationen über einschlägige Seiten lesen, verstehen und für sich auswerten und interpretieren

Hilfreich ist hierzu:
www.finanzen.net
www.onvista.de
www.boerse-online.de
und natürlich viele andere Seiten.

Haben Sie versäumt oder konnten es einfach nicht, früh genug für das Alter vorzusorgen, ist es auch ab einem Alter von + 50 Jahren nicht zu spät.

Um dies dann in einem überschaubaren Zeitraum bis zum Beginn der Rente möglichst effektiv und zielorientiert starten zu können sind folgende Grundüberlegungen ihrerseits notwendig

1. Machen sie eine IST-Aufnahme ihrer zukünftigen Einkünfte/Ausgaben und finden sie heraus, ob diese Einkünfte, hochgerechnet auf das Renteneintrittsalter auch für ihren Lebensstil und ihre Lebenserwartungen ausreichen werden.

Neben den gesetzlichen, betrieblichen und vielleicht auch privaten Renten gehören dazu auch regelmäßige Zusatzeinkünfte zum Beispiel aus Mieten oder Aktiendividenden. Schätzen sie die monatlichen und jährlichen Ausgaben ab, die im Rentenalter voraussichtlich anfallen werden, je genauer sie dies tun können, umso besser. Dazu gehören Wohnkosten, Lebensunterhalt, Versicherungen, Steuern, Ausgaben für Urlaub und Anschaffungen. Daraus ergibt sich in der Regel eine Lücke, zu ihren heutigen finanziellen Möglichkeiten. Diese Lücke müssen sie beziffern können.

> Hinweis:
> Siehe hierzu die entsprechenden Hilfsmittel auf unserer
> Homepage www.inops-solutions.de

2. Rechnen sie danach aus, was sie an Kapital benötigen um diese Lücke zu schließen. Diese Kapital wäre dann bis zum Eintritt in den Ruhestand zusätzlich aufzubauen

Dazu folgende Überlegungen:

- Wollen sie ihr Erspartes weitgehend erhalten, um es einmal an ihre Kinder weiterzugeben? Oder planen sie ihr Vermögen zur Deckung der Lücke einzusetzen?
- Rechnen sie aus, welche Gesamtsumme sie zur lebenslangen Deckung ihrer Lücke benötigen. Vergessen sie bei dieser Rechnung nicht eventuelle positive Zinserträge zu berücksichtigen
- Wie viel Kapital besitzen sie bereits. Machen sie eine aktuelle Vermögensübersicht. Ergänzen Sie diese um zu erwartende Leistungen, zum Beispiel einer Lebensversicherung oder ähnliches.

3.   Ermittel sie dann die monatliche Sparquote, mit der sie das fehlende Kapital aufbauen müssen. Auch hier ist der Zinseffekt zu berücksichtigen, der Einfluss auf ihre Sparrate haben wird durch den Zinseszins-Effekt.

Eine schöne strukturierte Vorgehensweise können sie sich auf unserer Homepage www.inops-solutions.de oder www.was-tun.tv herunterladen
Zum Beispiel die Hilfsmittel zu verschiedenen Sparformen

Eine letzte Überlegung zu diesem Thema:

Können sie sich gegebenenfalls auch eine Frührente leisten?

Nicht selten stellt sich bei der Berechnung des benötigten Ruhestandskapitals heraus, dass sich das fehlende Kapital viel schneller aufbauen lässt als

ursprünglich gedacht. Höhere Renditen oder eine höhere Sparquote führen dazu, dass ein vorzeitiger Eintritt in den Ruhestand auch möglich wäre.

Bitte wägen sie aber bei diesen Überlegungen ab, dass sich fehlende Beträge in der BfA-Rente auswirken und sie gegebenenfalls höhere steuerliche und Krankenkassen Aufwendungen haben werden.

V ERMÖGEN AUFBAUEN

Ich denke aus dem bis her ausgeführten ist eins klar ersichtlich:

> „Je früher man mit Sparen beginnen kann und je langfristiger eine Sparstrategie angelegt ist, desto wirkungsvoller und erfolgreicher wird das zu erzielende Ergebnis sein!"

Aus diesem Grund werden wir in den folgenden Ausführungen uns nochmal im Detail verschiedene Anlageklassen anschauen und diese praktikabel bewerten. Es ist unabdingbar und auch unwiderruflich nicht korrigierbar -

– Fehler die zu Beginn einer Vermögensaufbaustrategie gemacht werden, können nur sehr schwer wieder korrigiert werden.

6.1 Vermögen aufbauen mit Aktien, Dividenden

Was ist eigentlich eine Aktie und was ist eine Dividende?

Als Aktionär sind sie Miteigentümer einer Firma!

In der weltweiten Wirtschaft gibt es unzählige Unternehmen. Sie unterliegen als Gesellschaften gesetzlichen Rahmenbedingungen und tragen Rechtsformen wie GmbH, KG oder OHG. Einige unter diesen Firmen sind aber auch Aktiengesellschaften, abgekürzt AG. Diese Firmen haben typischerweise einen hohen Kapitalbedarf, um Wachstums- und gewinnorientierte Investitionen tätigen zu können.

Um solche Aufgaben überhaupt finanzieren zu können, teilen sie ihr Eigenkapital (Eigenkapital ist der Kapitalteil eines Unternehmens, der sich aus eigenen finanziellen Mitteln zusammensetzt. Eigenkapital und Fremdkapital bilden zusammen das Gesamtkapital) in Aktien auf und versuchen diese Aktien an der Börse zu verkaufen, um zusätzliches Geld einzunehmen. Mit dem Erwerb einer Aktie hat der Besitzer dieser Aktie Anrecht auf Erfolg, aber auch Misserfolg dieser Firma.

Darüberhinaus hat er Anrecht auf Mitbestimmung durch Teilnahme an der jährlichen Hauptversammlung. Wer sein Geld in Aktien anlegt, hat die Chance auf Wertsteigerung seiner Beteiligung, indem das Unternehmen erfolgreich und kontinuierlich Gewinne erwirtschaftet, aber auch Anteil an den Verlusten des Unternehmens, wenn die Erfolge ausbleiben. Dies kann tatsächlich auch zum Totalverlust der Aktie führen (sehr unwahrscheinlicher Fall, der nahezu ausgeschlossen werden kann bei DAX-Unternehmen).

Allerdings, das haben wir auch schon besprochen, sind Kursschwankungen nicht ungewöhnlich.

Viele Unternehmen beteiligen ihre Aktionäre auch an einer Gewinnaus-
schüttung, zahlen also jährlich, so in Deutschland üblich, oder auch im
Quartal (z.B. in USA) eine Dividende. Im aktuellen Niedrigzinsumfeld kann
die Dividendenrendite bis zu fünf Prozent betragen und somit eine attraktive
Alternative zu anderen aktuellen Sparformen bieten.

Eine Dividende ist niemals garantiert, sondern hängt immer vom Ergebnis
des letzten Geschäftsjahres ab. Die Dividende wird üblicherweise drei Tage
nach Stattfinden der Hauptversammlung ausgezahlt. Warum ist dies so? Auf
der Hauptversammlung des Unternehmens wird der Vorstand entlastet, das
Geschäftsergebnis veröffentlicht und von den Aktionären die Dividende, auf
Vorschlag des Vorstandes, beschlossen.

Im Prinzip kommen Aktien für jeden Anleger in Frage, unabhängig wie viel
Geld er investieren will. Hier ist aber darauf zu achten, dass bei einem Kauf
und Verkauf einer Aktie Gebühren durch die Bank und die Börse anfallen. Diese sollten immer in einem vernünftigen Verhältnis zum Kauf oder
Verkaufswert stehen, um den Kauf oder Verkauf nicht unwirtschaftlich zu
machen.

Der Anlagehorizont für ein Aktienengagement sollte mehrere Jahre oder sogar Jahrzehnte betragen (dies ist unabhängig zu sehen von der Funktion und dem Selbstverständnis der Daytrader).

Der richtige Einstiegszeitpunkt hängt dabei auch vom Anlagehorizont ab. Bei sehr langfristigen Zeithorizonten, also wie etwa für die Altersversorgung, spielt der Zeitpunkt des optimalen Kaufs eher eine untergeordnete Rolle. Trotz zeitweiligen Rückschlägen an den Märkten können langfristig orientierte Anleger diese Verluste oder den Zeitpunkt des Einstieges, immer wieder ausgleichen und kompensieren.

Ich vertrete die Meinung, dass die Dividende den Zinsertrag auf dem Sparbuch oder des Festgeldes abgelöst hat und damit eine Sparstrategie darstellt, die zukunftsorientiert ist.

Unternehmen die regelmäßig und konstant ihre Dividenden steigern erbringen auch langfristig höhere Renditen. Aus diesem Grund kann für den Kauf einer Aktie die Dividendenrendite und die langfristige Dividendenrendite eine wichtige Kaufentscheidung sein.

6.2 Vermögen aufbauen mit Fonds

Die Idee eines Fonds oder Investmentfonds besteht darin, dass viele Kleinsparer ihr Geld in einen Topf werfen. Ein Manager verwaltet diesen und investiert das gesammelte Kapital in Aktien, Immobilien und festverzinslichen Wertpapieren auf verschiedenen Märkten, denn Fonds basieren auf dem Prinzip der Risikostreuung.

Der Fondsmanager kann die im Fonds enthaltenen Werte je nach Marktsituation anpassen und beispielsweise schlecht laufende Titel durch ertragreichere Titel ersetzen. Die Anleger erhalten aus dem Fondstopf entsprechend ihres eingesetzten Kapitals Fondsanteile aus dem Fondsvermögen.

Mit Fonds nehmen Anleger, die kleinere Beträge investieren möchten, somit an den Chancen der Märkte teil, die sonst vermehrt Großanlegern offen sind.

Dabei gibt es verschiedene Arten von Fonds. Aktienfonds legen ihr Geld hauptsächlich in Aktien an und bieten damit bei einem höheren Risiko eine größere Renditechance als Rentenfonds. Rentenfonds setzen auf festverzinsliche Wertpapiere, wie Pfandbriefe, Anleihen und Kommunalobligationen.

Bei Geldmarktfonds wird das eingesetzte Kapital in Wertpapiere mit äußerst kurzen Laufzeiten investiert, was als Alternative zu einer Festgeldanlage gilt. Immobilienfonds bestehen mindestens zu 51 Prozent aus Anlagen in Immobilien, wie Grundstücke und Erbbaurechte. Gemischte Fonds können indes aus verschiedenen Teilen, wie Renten und Aktien, bestehen.

WAS TUN!?

So kann der Fondsmanager auf die jeweilige Marktsituation besonders flexibel reagieren. Dachfonds investieren wiederum in einzelne Fonds. Anleger können zudem mit Rohstofffonds am Rohstoffmarkt partizipieren. Außerdem gibt es Garantiefonds, die am Ende einer festgesetzten Laufzeit entweder die Rückzahlung des ursprünglich eingezahlten Anlagebetrages oder eines bestimmten Prozentsatzes davon garantieren. Indexfonds orientieren sich an einem Index, den sie so weit wie möglich abbilden.

6.3 Vermögen aufbauen mit ETF's

Bei „Exchange Traded Funds" ist der Name Programm: ETFs werden nur an der Börse gehandelt. Und wie ein klassischer Investmentfonds (Fond) bilden sie die Entwicklung einer ganzen Palette von Investments ab - in nur einem einzigen Wertpapier.

Mit einem der auch Indexfonds genannten ETFs kaufen sich Anleger somit einen ganzen Börsenindex, eine ganze Branche oder sogar eine ganze Anlagekategorie ins Depot. Schon Anfang der 70er Jahre wurde in den USA die Idee geboren, einen ganzen Börsenindex über einen Indexfonds handelbar zu machen.

Der erste Indexfonds wurde im Jahr 1973 aufgelegt, war jedoch institutionellen Anlegern vorbehalten. Im Jahr 1976 konnten dann erstmals auch Privatanleger einen ETF kaufen. Damals waren ETF's noch die einzigen an der Börse gehandelten Fonds. Mittlerweile ist das anders: Viele aktiv verwaltete Investmentfonds können über die Kapitalanlagegesellschaft und zusätzlich über die Börse gehandelt werden.

Zunächst definiert die Kapitalanlagegesellschaft im Verkaufsprospekt die Anlagerichtlinien für den Fonds. Festgelegt wird darin unter anderem detailliert, welchen Anlageschwerpunkt der Investmentfonds haben soll.

Wenn viele Fonds ohnehin unterdurchschnittliche Ergebnisse erzielen, liegt es für Anleger nahe, direkt den Index bzw. den passenden ETF-Fonds zu kaufen. Zumal sich mit passiven Indexfonds die mitunter teuren Gebühren für das aktive Fondsmanagement vermeiden lassen.

Da die Zusammensetzung eines ETFs durch den Referenzindex vorgegeben ist, ist auch kein Fondsmanagement notwendig, das die Aktienauswahl vornimmt, diese kontinuierlich überwacht und anpasst. Mit einem ETF lassen

sich daher die Managementgebühren einsparen, die bei Aktienfonds zirka 1,5 Prozent pro Jahr betragen.

Das Investment in ETF's funktioniert besonders gut, wenn die Mittel möglichst breit über die Märkte gestreut werden. Auf diese Weise lassen sich Anlagerisiken deutlich senken. Mit ETF's kann somit auch der Kleinanleger an Investitionen partizipieren, die sonst nur den Großanlegern vorbehalten wären.

6.4 Vermögen aufbauen mit Gold

Wie sinnvoll ist es, in Gold anzulegen? Eine pauschale Antwort auf diese häufig gestellte Anlegerfrage gibt es nicht. Es hängt viel mehr davon ab, was Sie persönlich von einem Investment in Gold erhoffen.
Klar ist: Der Rendite wegen sollten Sie kein Gold kaufen. Gold hat in der Vergangenheit im Mittel pro Jahr wesentlich weniger an Wert gewonnen als zum Beispiel Aktien und dabei stärker sogar geschwankt. Der Grund ist, dass vor allem die Nachfrage den Goldpreis steuert und es anders als bei Unternehmen keine innere Wertentwicklung gibt.

Wer aber Angst vor einem Währungscrash hat und den Totalverlust seiner sonstigen Anlagen fürchtet, der kann einen kleinen Anteil seines Vermögens in physisches Gold umwandeln, also Goldmünzen oder Goldbarren kaufen und im heimischen Tresor lagern. Weil die Goldreserven weltweit begrenzt sind, behält das Edelmetall einen gewissen Sachwert. Weil sich Gold außerdem öfter einmal entgegengesetzt zum Aktienmarkt entwickelt, kann es die Schwankungen im Portfolio leicht abschwächen.

Die Nachfrage treibt den Goldpreis

Wie bei jeder Handelsware kommt auch der Goldpreis über Angebot und Nachfrage zustande. Das Besondere an physischem Gold ist aber: Als natürlicher Rohstoff ist sein Angebot nicht beliebig ausdehnbar. Zieht die Nachfrage an, können Goldproduzenten nur versuchen, das Angebot durch Recycling von Gold kurzfristig zu erhöhen. Reicht dies nicht aus, steigt der Preis.

Höchstpreise in Krisenzeiten

Ein Blick auf die vergangenen 41 Jahre zeigt, dass der Goldpreis manchmal heftig im Wert geschwankt hat. Immer wieder gab es Phasen der Unsicherheit, die Anleger und auch Notenbanken Gold zukaufen ließen und damit den Preis trieben. Höchstpreise wurden zwischen 1979 und 1983 und ab 2010 erzielt.

In den 1970er Jahren fürchteten Anleger die hohe Inflation in vielen Industrieländern. Der Goldpreis stieg im Januar 1980 bis auf 850 Dollar je Feinunze (31,1 Gramm). Erst als Paul Volcker neuer Chef der US-Notenbank Fed wurde, die Edelmetallbörsen stärker regulierte und versprach, die Geldmenge zu beschränken, verflüchtigte sich diese Angst.

Ab 2008 ging die Angst vor einem Zusammenbruch des Finanzsystems und im Anschluss vor einer Schuldenkrise europäischer Staaten und Banken um. Der Goldpreis stieg auf mehr als 1.800 Dollar je Feinunze. Die Unsicherheit

legte sich erst, als der Chef der Europäischen Zentralbank (EZB), Draghi, im Sommer 2012 versprach, er werde alles tun, was nötig sei, um den Euro zu retten.

Gold taugt nicht als Einzelinvestment

Kurzfristige Preissteigerungen in Krisenzeiten sind bei Gold also möglich. Das bedeutet aber nicht, dass Gold aber auch dauerhaft höhere Renditen als Aktien liefert. Gold liefert weder Zinsen noch Dividenden. Die Rendite bemisst sich also allein an der Preisentwicklung.

Wer beispielsweise im Jahr 2000 in Gold investiert hat und bis heute dabeigeblieben ist, hat im Vergleich zum reinen Aktieninvestment mehr jährliche Rendite bei weniger Schwankung erzielt. Wer dagegen früher, etwa Anfang der 1980er Jahre oder Anfang der 1990er Jahre investiert hat und zehn Jahre dabeigeblieben ist, hat mit Aktien das weit bessere Geschäft gemacht. Mittelfristig ist ein Goldinvestment daher am ehesten eine Wette mit ungewissem Ausgang.

Über die lange Frist (1975 bis 2016) brachte ein reines Aktieninvestment mehr Rendite als Gold bei weniger Schwankung.

Gold lohnt als Einzelinvestment nicht. Eine andere Frage ist, ob sie Ihrem Portfolio einen Anteil Gold beimischen sollten. Wie viel genau das sein könnte, darüber streiten sich Experten. Die Spanne der Empfehlungen reicht von 5 bis hin zu 25 Prozent des Vermögens. Ich könnte mir einen Anteil von bis zu 10 Prozent für sinnvoll vorstellen, da eine höhere Beimischung die Renditechancen für das Gesamtportfolio zu sehr beeinträchtigen könnte. Aus der Perspektive eines Anlegers, der Risiken streuen möchte, könnte diese Beimischung auf den ersten Blick eine Überlegung wert sein. Schließlich sind Gold und Aktien kaum überlappend. Oder anders ausgedrückt: Der Wert von Gold entwickelt sich oft entgegengesetzt zu Aktien. Der Goldpreis in weiter zurückliegenden Krisen im Vergleich zum Weltaktienindex weniger stark eingebrochen. In jüngeren Krisen hat er sogar zugelegt, während Aktien nachgaben.

Abschließend sei darauf hingewiesen, dass es im Bezug auf Gold durchaus einen perspektivischen Optimismus gibt und angesichts der jüngsten Preisrückgänge könnte gegenwärtig bereits wieder ein attraktives Einstiegsniveau bestehen. Die Commerzbank jedenfalls schlägt zuversichtliche Töne an. Die Analysten bescheinigen dem Gold eine wieder entstehende treibende Kraft, die den Kurs in 2018 bis auf ein Niveau von 1400 Dollar treiben könnte.

6.5   Die Charttechnik

Eines der beliebtesten Hilfsmittel, die Börse zu verstehen und vorher zu sagen, ist die Charttechnik. Aufgrund spezifischer Algorithmen ist der Fachmann in der Lage bestimmte Konstellationen eines Börsenverlaufs zu interpretieren und Schlüsse für einen zukünftigen Verlauf zu schließen. Aber wie funktioniert das ganze?

Widerstände, Unterstützung, Bärenfall, steigendes und sinkendes Dreieck, Kerzen – die Charttechnik hat eine eigene Sprache, wenn sie über Aktien und Verläufe von Aktienkurven redet. Hier geht es dann weniger um geschäftliche Zahlen, sondern um Kursverläufe.

Die Technische Analyse ist der Blick eines Fachmannes auf die Kurscharts von Aktien, Devisen, Rohstoffen oder anderen Anlageklassen. Von den Kursverläufen der Vergangenheit soll ein Auf- oder Abwärtstrend in der Zukunft abgeleitet werden. Auch einige Konjunkturindikatoren lassen sich, als Chart dargestellt, mit dieser Methode bewerten und ein Stück weit auch prognostizieren.

Die Charttechnik unterscheidet sich von der fundamentalen Analyse, die den fairen Wert einer Aktie, einer Währung oder eines Rohstoffes anhand von ausschließlich wirtschaftlichen Kennzahlen ermitteln will. Diese Elemente werden für die charttechnische Analyse ausgeblendet. Unter einigen Volkswirten ist diese Methode daher eher verpönt, bisweilen wird auch von Kaffeesatzleserei gesprochen, wenn technische Analysten aus den Charts

Widerstandszonen und Unterstützungen für Kursverläufe oder deren Trends erkennen wollen.

Doch die technische Analyse ist besser als ihr Ruf. Man könnte sich auch als grafisch dargestellte Wahrscheinlichkeitsrechnung bezeichnen. Der Kurs eines Wertpapieres schwankt im Handel zwar, aber über weite Strecken bewegt er sich innerhalb bestimmter Durchschnitte oder Trendkanäle. Ebenso können bei bestimmten Kursniveaus Trendbrüche antizipiert werden, also Kauf- oder Verkaufssignale geliefert werden. Dies gilt umso mehr für nachrichtenarme Zeiten, in denen keine Wirtschafts- oder Unternehmensnachrichten neue Impulse für den Handel geben.

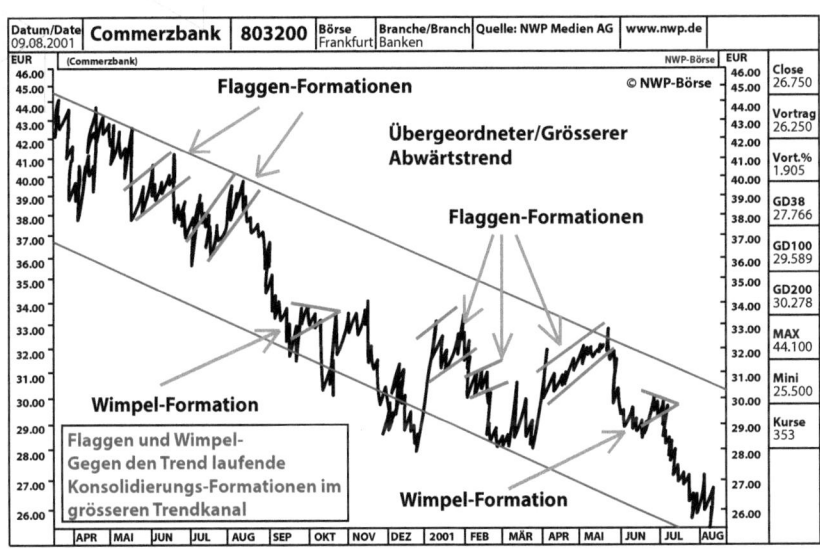

Bildquelle : faz.net

Ihre historischen Wurzeln hat die technische Analyse übrigens im Reishandel des feudalen Japans. Verfeinert und populär gemacht hat sie allerdings der US-Journalist Charles Dow (1851-1902), der auch als Erfinder des gleichnamigen Aktienindex gilt. Unterschieden wird die charttechnische von

der allgemeineren markttechnischen Analyse. Erstere zielt auf die Analyse der Kursverläufe einzelner Aktien, in denen Chartbilder Aufschluss über den künftigen Verlauf liefern sollen.

Bei der zweiten Methode hat der Anleger Marktfaktoren wie gehandeltes Volumen, Volatilität der Preise, Momentum (aktuelle Stärke der jeweiligen Aktie) des Trends und gewichtete Durchschnittskurse im Blick.

Für die Anwendung der technischen Analyse spricht, dass sie bei kürzeren Tendenzen oder Trends beziehungsweise der Antizipation von Trendbrüchen oft richtig liegt und einen Anlagerfolg ermöglicht. Da zudem viele Anleger nach technischen Gesichtspunkten handeln, kommt man gerade als kurzfristig orientierter Investor (Daytrader) kaum daran vorbei, sich mit den Grundlagen vertraut zu machen.

Gegen die technische Analyse spricht neben eher theoretischen Einwänden die Tatsache, dass die globalen Märkte letztlich doch zu sehr komplex sind, als dass man sich für eine langfristige Anlagenstrategie auf dies Technik alleine verlassen kann. Gegen massive Trendbrüche bei Börsencrashs oder übertriebenen Exzessen wie Umweltkatastrophen oder Eingriffen der Politik, ist die technische Analyse hilflos - diesen Makel teilt sie allerdings mit der fundamentalen Analyse. In einem überraschend eingetretenen Marktszenario hilft die technische Analyse wiederum dem Anleger, sich neu zu positionieren. Daher werden in der Praxis oft Elemente der beiden Formen kombiniert.

Als Entscheidungshilfe dient die technische Analyse somit allemal. Dazu kommt, dass heute kein Anleger mehr aufwändig mit Bleistift und Papier oder komplizierten Computerprogrammen arbeiten muss. Es gibt bereits hochqualifizierte, automatisierte Analysewerkzeuge, die von selbst die Märkte analysieren und täglich ausreichende Kursmuster aufzeigen, die der Anwender selbst nach seien Maßstäben festlegen kann. Entsprechende Internetportale habe ich ihnen aufgezeigt die diesen Service liefern.

6.6 Goldene Regeln für Aktionäre

Nichts in der Welt der Aktien und spekulativen Vermögensanlage ist so hinterlegt von guten Ratschlägen, wie in der Welt der Börsen. Einer der populärsten Vertreter und auch heute noch immer wieder gerne zitierten Protagonisten ist sicherlich Andre Kostolany der ein Füllhorn von Ratschlägen und Weisheiten zu dem Thema Börsenumgang geprägt hat. Die wichtigsten dieser Weisheiten möchte ich ihnen gerne ans Herz legen.

André Kostolany war einer der größten Börsengurus in Deutschland. Kostolany wetterte gegen den Neuen Markt und setzte sich als Schriftsteller, Journalist und Entertainer im TV-Fernsehen immer wieder gekonnt in Szene.

Als Spekulant alter Schule fanden seine Aussagen sowohl bei Profis, als auch bei Kleinanlegern immer großen Anklang. Er galt als Gentleman unter den Spekulanten. Unvergessen sind daher zahlreiche Börsenweisheiten des André Kostolany.

Bildquelle: handelsblatt.de

11 wichtige Börsenweisheiten von André Kostolany

1. **„Kaufen Sie Aktien, nehmen Sie Schlaftabletten"**, gehört wohl zu den bekanntesten Börsenweisheiten von Kostolany. Damit wollte der im Jahre 1999 verstorbene Börsenaltmeister sagen, dass sich Geduld am Aktienmarkt langfristig auszahlt.

2. **„An der Börse sind 2 mal 2 niemals 4, sondern 5 minus 1."** Man muss nur die Nerven haben, das minus 1 auszuhalten, lehrte Kostolany schon damals. Diese Börsenweisheit mahnt Anleger, dass Börsen niemals linear steigen, sondern dass es auch Kursrückgänge gibt. Anleger sollten sich aber von kurzzeitigen Ausschlägen nach unten nicht verrückt machen lassen.

3. **„Wer die Aktien nicht hat, wenn sie fallen, der hat sie auch nicht, wenn sie steigen."** Diese Börsenweisheit geht insbesondere an die Adresse der Nicht-Investoren, die jahrelang ängstlich an der Seitenlinie stehen und auf noch weiter sinkende Kurse warten.

4. **„Wenn alle Spieler auf eine angeblich todsichere Sache spekulieren, geht es fast immer schief."** Bei dieser Börsenweisheit spielt der Börsenaltmeister auf Übertreibungen und Blasen an, die entstehen können, wenn alle Anleger auf das gleiche Pferd setzen und die Risiken einer Anlage völlig außer Acht lassen.

5. **„Spekulieren kann jeder. Es zur richtigen Zeit zu tun – das ist die Kunst."**, sagte Kostolany einmal. Timing ist alles, meinte der Börsenguru, wenn es um spekulative Finanzanlagen geht.

6. **„Einer Straßenbahn und einer Aktie darf man nie nachlaufen"**, meinte Kostolany. Bei dieser Börsenweisheit spielt der Börsenexperte

auf die Geduld der Anleger an, auf die nächste Einstiegsgelegenheit bzw. niedrigere Kurse zu warten, denn diese kommt mit Sicherheit.

7.   **„Wer viel Geld hat, kann spekulieren, wer wenig Geld hat, darf nicht spekulieren, wer kein Geld hat, muss spekulieren",** so Kostolany. Die individuelle Finanzsituation gibt die Anlagestrategie vor und soll vor allem Kleinanleger warnen, nicht zu viel Geld in spekulative Anlagen zu investieren.

8.   **„Gewinnen kann man, verlieren muss man!",** warnt Kostolany. Auch aus Verlusten kann man lernen, zudem dürfte es kaum einen Anleger geben, der noch keinen einzigen Verlust-Trade hinnehmen musste.

9.   **„Die ganze Börse hängt nur davon ab, ob es mehr Aktien gibt als Idioten - oder umgekehrt."** Die Börse treibt manchmal seltsame Blüten und neigt auch hin und wieder zu Übertreibungen. Rennt eine Anleger-Herde stur in eine Richtung, kann dies den Kurs einer Aktie schon einmal in absurde Höhen treiben.

10. **„Investiere bei einem Goldrausch nicht in die Goldgräber, sondern in Schaufeln."** Auch eine Börsenweisheit von Kostolany, die sogar heute immer noch Bestand haben dürfte. Ein Beispiel ist der Internet-Boom. Um Inhalte im Netz überhaupt zu finden, braucht man eine Suchmaschine – das Geschäftsmodell von Google war geboren.

11. **„Anfangs war ich der festen Überzeugung, die Börse sei die größte Erfindung der Welt. Ich bin noch derselben Auffassung."** Auch nach Jahrzehnten an der Börse glaubte André Kostolany weiterhin an den Sinn und den Erfolg der Institution Börse.

Diese Sammlung von Weisheiten spiegelt nicht mehr unbedingt die aktuelle und sich auch verändernde Lage an den Börsen wieder. Seit Kostolany ist auch das Börsengeschehen schnelllebiger geworden, von Computerprogrammen bestimmt und lediglich am Rande von aktiv handelnden rational denkenden Menschen geprägt.

Aus diesem Grund würde ich gerne eigene Leitlinien für das Handeln an der Börse vermitteln:

1. **„Kaufe nur was Du auch selbst verstehst!"** Viel Kummer in der amerikanischen Immobilienkrise wäre uns erspart geblieben, wenn die Anleger diesen Hinweis befolgt hätten. Die Anlagenkonstrukte, die rund um das Thema „faule Kredite" in den USA gestrickt wurden, konnte nun wirklich niemand mehr verstehen. Aus diesem Grund sind sie kritisch zu den Themen, die sie für sich als interessant empfinden.

2. **„Der Einstiegskurs ist entscheidend"** Anleger sollten deshalb nicht vergessen, dass es sich bei Aktien noch immer um Unternehmensbeteiligungen handelt, die die zukünftigen Profite und Strategien widerspiegeln. An der Börse wird die Zukunft gehandelt. Wer also einen höheren Preis für dieselben Gewinne zahlt, erzielt selbst dann natürlich weniger Rendite.

3. **„Sei niemals gierig"** Aktien steigen massiv an, also wollen schnell noch viele Investoren dabei sein und kaufen viel zu teuer ein. Die Folge ist in der Regel, die Märkte fallen und die Anleger verkaufen wieder mit Verlust. Nach der nächsten Rally wollen die Investoren wieder dabei sein und kaufen wieder teuer ein, ein Teufelskreis.

4. **„Verliere nie die Unternehmenszahlen aus dem Auge"** Es ist fundamental wichtig, dass der Anleger die Unternehmenszahlen in den wesentlichen Kenndaten verstehen kann und aus diesen Kenndaten sich ein Bild für die Zukunft ableiten kann. Die Börse wird von der Zukunft bestimmt und nicht von der Vergangenheit.

5. **„Investiere nicht zyklisch, sondern antizyklisch"** Der Einstieg in den Aktienmarkt erfolgt von der breiten Masse dann, wenn alle trommeln und entsprechend der Ausstieg genau dann, wenn alle bereits nervös

sind und Angst bekommen haben. Man sollte einem Trend niemals hinterher laufen, sondern die Ephorien an den Märkten im Auge behalten und antizyklisch sich zu diesen Entwicklungen verhalten.

6. **„Der Trend ist dein Freund"** Solange eine Aktie läuft, sollte man die Aktie laufen lassen und nicht zu früh aus diesem Trend sich durch Verkauf verabschieden. Man erzielt dann nicht den optimalen Gewinn. Ein schönes Beispiel hierzu ist der Verlauf der Adidas-Aktie in den letzten beiden Jahren. Wer hier zu früh ausgestiegen ist, hat seien möglichen Gewinn nicht maximieren können.

7. **„Halte die Kosten für dein Depot im Auge"** Aktiendepotgebühren, Trading-Gebühren, Courtage-Gebühren, Händler-Gebühren, all dies sind Gebühren, die letztlich den Gewinn der erzielbar ist minimieren. Es ist darauf zu achten, dass man sein Depot bei einem Geldinstitut platziert, wo gewährleistet ist, das diese Gebühren marktkonform sind.

8. **„Gehe keine zu hohen Risiken ein"** In den seltensten Fällen lohnt es sich an der Börse voll auf Angriff zu setzten. Häufig sind sich Anleger gar nicht bewusst, welch hohes Risiko sei eingehen, wenn sie z.B. auf Einzelwerte oder auch einzelne Aktien setzten anstatt auf Branchen oder gar den jeweiligen Indes.

9. **„Achten Sie auf eine breite Streuung ihres Investments"** Nicht alle Eier in einen Korb legen, so lässt sich dies sicherlich gut beschreiben. Streuen sie über Branchen, über zyklische und antizyklische Werte. Streuen sie über Indexe und über traditionelle Anlagen und zukunftsorientierte Anlagen.

10. **„Folge einer von dir festgelegten Strategie"** Ich halte es für wichtig, dass im Vorfeld eines Engagements mit Wertpapieren man sich im Klaren sein sollte, was will ich, was kann ich und was will ich erreichen. Will ich mich konservativ ausrichten, will ich aggressiv in einer kürzest möglichen Zeit Gewinne erwirtschaften, will ich Daytraden oder langfristig anlegen.

Eine klaren Strategie ist hier zu empfehlen, um sich auch immer wieder über die Zeit des Investments an dieser Strategie zu spiegeln und sich zu besinnen, bin ich hier noch auf einem Weg den ich selbst einmal für mich festgelegt habe und für gut angesehen habe.

Wie ein solcher Weg aussehen könnte, und welche Strategie man für sich festlegen könnte, sei in dem nächsten Kapitel der sogenannten INOPS-Anlage-Strategie einmal beschrieben.

DIE INOPS-ANLAGESTRATEGIE

Aus einer Vielzahl von Informationen, die man über Aktien und Aktieninvestments erhält, wird der Anleger mitunter mehr verwirrt, als dass diese Informationen ihm helfen. Aus diesem Grunde ist es wichtig, dass man sich auf wenige, aber wichtige Beurteilungskriterien verlassen kann, die leicht verständlich zum einen sind, aber in der Beurteilung der Attraktivität einer Aktie von entscheidender Bedeutung sein können.

Wenn diese ausgewählten Beurteilungskriterien darüber hinaus noch zusammen spielen und zusammen passen, hat man unserer Meinung nach eine

gute Basis für ein langfristig erfolgversprechendes Investment geschaffen. Die **INOPS-Anlagenstrategie** bezogen auf Aktieninvestment, bezieht sich auf folgende Grunddaten. Drei wichtige Grunddaten geben Auskunft über eine Aktie betreff Renditekraft, zu erzielendem perspektivischen Gewinn und ob die Aktie vergleichsweise "teuer" oder „günstig" ist.

Auf dieser Basis lässt sich damit eine gute, einfache und risikoarme Aktienanlage aufbauen und mittel- bis langfristig gut aussteuern, damit der Anleger stets die Übersicht und auch das eigene Handeln über seinen Vermögensaufbau behält.
Dies ist uns wichtig, da sie das „Heft des Handelns" in der Hand behalten sollten und nicht irgendwelche Vermögensverwalter die sie teuer bezahlen und die in ihren Erfolgsversprechen ungenügend kontrolliert werden können.

7.1 Die Beurteilung des Kurs-Buchverhältnisses

Das Kurs-Buchwert-Verhältnis ist eine substanzorientierte Kennzahl zur Beurteilung der Börsenbewertung einer Aktiengesellschaft. Hierbei wird der Kurs einer einzelnen Aktie in Relation zu ihrem anteiligen Buchwert, dass heißt dem auf die Aktionäre entfallenden Eigenkapital je Aktie, gestellt.

Wenn dieser Wert zwischen 0,9 und 1,6 ist, wird diese Aktie eine gute Gewinnentwicklung vergleichsweise zu anderen Aktien nehmen. Ist dieser Wert unter 0,9, zahlt der Anleger einen Aufpreis auf angenommene Gewinne. Daher handelt es sich um relativ risikoträchtige Papiere.

Als Beispiel lässt sich dies wie folgt erläutern: Entsprechend den Informationen aus dem Jahresabschluss eines Unternehmens hat dieses Unternehmen ein Eigenkapital von 5, 5 Milliarden Euro. Es bestehen keine Fremdanteile am eigenkapital. 201 Millionen Aktien sin von diesem Unternehmen im Umlauf. 5,5 Milliarden geteilt durch 201Millionen Aktien ergibt einen Wert pro Aktie von 2,36 Euro. Der aktuelle Börsenwert der Aktie ist 25 Euro. Also hat diese Aktie eine KBV von 25,00 dividiert durch 27,36 gleich 0,91.

Damit hat diese Aktie ein niedriges KBV, was in etwa dem Buchwert entspricht und damit einem fairen Wert entspricht.

> **Kurs - Buchwert - Verhältnis**
>
> $$KGV = \frac{\text{aktueller Kurs der Aktie}}{\text{Buchwert der Aktie}}$$
>
> **Buchwert = Eigenkapital**
> Je näher der Quotient an "1" ist, umso attraktiver ist die Aktie
> (1 = durchschnittlicher Mittelwert)

7.2 Die Beurteilung des Kurs-Gewinn-Verhältnisses

Das Kurs-Gewinn-Verhältnis ist ebenso eine rein ökonomische Kennzahl zur Beurteilung einer Aktie. Hierbei wird der Kurs der Aktie in Relation zu dem für den Vergleichszeitraum gegebenen bzw. erwarteten Gewinn je Aktie gesetzt.

Als Beispiel lässt sich dies wie folgt erläutern: Der aktuelle Kurs einer Aktie beträgt 50 Euro. Im letzten Geschäftsjahr ist ein Gewinn von 4 Euro je Aktie erzielt worden. Somit ergibt sich ein KGV von 12,5 (50 dividiert durch 4).

Diese Kennzahl sagt aus, mit welchem Vielfachen des Ergebnisses des letzten Geschäftsjahres eine Aktie an der Börse zurzeit bewertet wird. Eine andere Sichtweise auf diesen Wert ergibt sich, wie viele Jahre es dauert, bis das Unternehmen den Wert seiner Aktien als Gewinn erwirtschaftet hat. In

diesem Fall 12,5 Jahre. Würde das Unternehmen jedes Jahr 4 Euro Gewinn pro Aktie erwirtschaften, würde es 12,5 Jahre dauern, bis 50 Euro (Wert der Aktie) erwirtschaftet wären. Das wäre z.B. der Fall, wenn das Unternehmen 16 Millionen Gewinn erwirtschaftet und 4 Millionen ausgegeben hätte (16 minus 4 gleich 12). Folglich ist für einen Aktienkauf das KGV umso besser, je kleiner es ist.

Kurs - Gewinn - Verhältnis

$$KGV = \frac{\text{aktueller Kurs der Aktie}}{\text{Gewinn der Aktie}}$$

Je kleiner der Quotient, desto attraktiver ist die Aktie

(12 = durchschnittlicher Mittelwert)

7.3 Die Beurteilung der Dividenden-Rendite

Die Dividendenrendite ist eine Rendite, gemessen als Anteil am Aktienkurs.

Sie ist die klassische Kennzahl zur Beurteilung einer Aktie. Die Dividendenrendite von DAX-Werten liegt gewöhnlich bei 2% bis 5%. Hintergrund dieser Kennzahl ist, dass eine vom Betrag her höhere Dividende prozentual bezogen auf den Aktienkurs weniger Ertrag bringen kann, als eine vom

Betrag her niedrigere Dividende. Die Dividendenrendite unterscheidet sich grundlegend von der Aktienrendite. Während die Dividendenrendite das Verhältnis der Dividende zum gegenwärtigen Kurs beschreibt, ist die Aktienrendite eine Maßzahl dafür, wie sich der Wert einer Aktie über ein Jahr hinweg entwickelt.

Die veröffentlichten Dividendenrenditen beziehen sich üblicherweise auf die vom betreffenden Unternehmen zuletzt an die Aktionäre ausbezahlte Dividende und den aktuellen Kurs der Aktie. Für einen Investor, der eine Aktie preiswerter als zum aktuellen Kurs gekauft hat, erhöht sich damit seine persönliche Dividendenrendite und umgekehrt. Der Aktienindex DivDAX umfasst 15 Aktiengesellschaften des DAX mit der höchsten Dividendenrendite.

Dividendenrendite

$$\text{Div-Rendite} = \frac{\text{Dividende}}{\text{Aktueller Aktienkurs}} \times 100$$

Die Dividendenrendite ergibt sich aus der Division der Dividende durch den aktuellen Aktienkurs, multipliziert mal 100.

Sie gibt die Verzinsung des inverstierten Kapitals je Aktie in % an.

7.4. Die INOPS-Anlagestrategie beruht auf drei Kriterien

Mit der Auswahl von Aktien nach diesen drei Kriterien haben sie die größtmögliche Gewissheit, nicht nur attraktive Aktien zu erwerben, sondern auch preiswerte Papiere mit einem Maximum an Dividendenrendite.

Wie können sie diese Aktien überhaupt finden?

Es gibt einen tagesaktuellen Link, der ihnen die entscheidenden Informationen geben kann:

www.boersengefluester.de/10-jahres-durchschnitt-kgv-kbv-dividendenrendite/

für die Daten aus dem DAX, MDax, SDax und TecDax.

Aus diesen Informationen können sie die aktuellen Daten entnehmen:

1. WKN und Name der Aktie
2. Aktueller Kurs
3. KGV Durchschnittswert der letzten 10 Jahre
4. KGV aktuellKBV
5. Durchschnittswert der letzten 10 Jahre
6. KBV aktuell
7. Durchschnittsrendite der letzten 10 Jahre
8. Dividendenrendite aktuell

WKN	Unternehmen	Aktienkurs	KGV Ø10 Jahre	KGV (aktuell)	KBV Ø10 Jahre	KBV (aktuell)	Dividendenrendite Ø10 Jahre	Dividendenrendite (aktuell)
A1E-WWW	Adidas	178,05 €	23,57	25,80	3,12	6,15	1,70 %	1,24 %
840400	Allianz	170,75 €	10,34	12,02	1,06	1,22	4,77 %	4,51 %
BASF11	BASF	90,77 €	15,28	17,13	2,52	2,87	4,14 %	3,53 %
BAY001	Bayer	106,55 €	23,98	14,80	3,24	3,14	2,61 %	2,58 %
520000	Beiersdorf	91,71 €	29,16	28,66	4,74	5,14	1,26 %	0,87 %

WAS TUN!?

519000	BMW ST	82,83 €	13,64	11,50	1,38	1,21	3,01 %	4,23 %
CBK100	Commerzbank	8,04 €	20,48	20,60	0,46	0,35	2,09 %	0,00 %
543900	Continental	197,85 €	14,07	12,68	2,44	2,95	2,14 %	2,15 %
710000	Daimler	66,42 €	10,34	10,22	1,36	1,30	4,28 %	4,89 %
514000	Deutsche Bank	15,13 €	20,62	24,40	0,54	0,35	1,93 %	0,73 %
581005	Deutsche Börse	84,82 €	17,52	18,44	4,04	4,06	3,98 %	2,95 %
823212	Deutsche Lufthansa	15,20 €	9,00	13,22	1,06	1,04	3,48 %	1,32 %
555200	Deutsche Post	31,10 €	15,48	13,58	2,72	3,95	4,09 %	3,38 %
555750	Deutsche Telekom	16,06 €	25,26	19,11	1,99	2,83	5,66 %	3,74 %
ENAG99	E.ON	7,28 €	15,69	13,49	1,18	0,00	5,16 %	4,12 %
578560	Fresenius	74,92 €	19,92	21,10	2,52	3,41	1,23 %	0,85 %
578580	Fresenius Medical Care	79,99 €	19,67	17,98	2,58	2,61	1,39 %	1,25 %
604700	Heidelberg Cement	86,63 €	19,41	13,13	0,81	1,09	1,10 %	1,85 %
604843	Henkel VZ	122,85 €	20,27	21,18	3,01	3,75	1,58 %	1,32 %

114

623100	Infineon	18,54 €	21,22	19,52	2,54	4,17	1,64 %	1,29 %
648300	Linde	159,05 €	20,91	19,88	1,87	2,12	2,26 %	2,33 %
659990	Merck KGaA	105,45 €	30,35	25,72	1,61	2,33	1,59 %	1,14 %
843002	München-er Rück	183,00 €	11,38	11,62	0,98	0,98	5,07 %	4,75 %
PSM777	ProSie-ben Sat.1 Media	40,77 €	17,83	15,21	7,53	9,75	6,33 %	4,66 %
703712	RWE ST	15,80 €	11,90	16,63	2,29	3,53	5,48 %	3,16 %
716460	SAP	91,10 €	22,20	20,24	4,68	4,51	1,72 %	1,48 %
723610	Siemens	126,55 €	16,42	15,92	2,64	3,06	3,26 %	2,92 %
750000	Thyssen-Krupp	21,88 €	23,12	13,68	3,24	6,15	1,86 %	0,91 %
766403	Volks-wagen VZ	131,15 €	9,77	10,93	0,88	0,74	2,24 %	1,72 %
A1ML7J	Vonovia	34,55 €	12,07	15,02	1,31	1,35	3,38 %	3,33 %

Die 10-jährigen Durchschnittswerte geben ihnen den Eindruck über die Stabilität einer Aktie und damit einen guten Vergleich zu den jeweiligen aktuellen Werten. Dies ist nun die Grundlage, die richtigen Aktien zu finden und diese zum Aufbau eines Depots zu verwenden.

Prinzip der INOPS-Anlagestrategie

Suchen sie sich die jeweils günstigsten Aktien nach den Kriterien KGV, KBV und Dividendenrendite aus

- Legen Sie ein Depot an mit den besten Aktien aus DAX, MDax und TecDax
- 5 Aktien aus dem DAX
- 3 Aktien aus dem MDax
- 2 Aktien aus dem TecDax

Als Beispiel haben wir ihnen ein Musterdepot (Musterdepot 2) zusammengestellt und ihnen die Entwicklung seit dem Kauf am 19.10.2016 aufgezeigt.

Diese Art der Aktienauswahl und der Geldanlage kann durchaus als relativ konservativ und krisensicher angesehen werden. Die Volatilität dieser Strategie ist überschaubar gering.
Die Dividendenausschüttung ist in den Monaten April - Juni risikolos zu erwarten und ein fester Bestandteil dieser Strategie.

Es sollte nicht unerwähnt bleiben, dass die Betrachtung nur eines einzigen Parameters, wie das KGV, auch seine Tücken hat. Während für Aktien aus den bekannten Auswahlindizes meist frei zugängliche Ergebnisschätzungen der Analysten verfügbar sind, wird es bei Nebenwerten schon etwas schwieriger einschlägige Informationen oder Einschätzungen zu erhalten. Grundsätzlich sind solche Prognosen aber natürlich mit erheblicher Unsicherheit behaftet. Wenn sich die Rahmenbedingungen, etwa durch konjunkturelle Umschwünge wie in den Jahren 2008 und 2009, plötzlich ändern, verliert das KGV seine Eigenschaft als alleiniger und verlässlicher Indikator.

Hinzu kommt auch: Wirklich zuverlässige Aussagen bezüglich der Über- oder Unterbewertung einer Aktie lassen sich anhand des KGV stets nur im Branchenvergleich treffen. Gesellschaften in schnell wachsenden Sektoren, wie Software und IT gesteht die Börse grundsätzlich höhere Bewertungen zu als Unternehmen in gesättigten Märkten mit hoher Wettbewerbsintensität, wie zum Beispiel die Elektro-Versorger oder die Telekommunikationsbranche.

Anleger sind also gut beraten, wenn sie bei der Fundamentalanalyse und als Entscheidungskriterium beim Aktienkauf nicht alleine das Kurs-Gewinn-Verhältnis heranziehen. Nur im Zusammenspiel mit anderen Kennzahlen, wie dem beschriebenen Kurs-Buch-Verhältnis und der Dividendenrendite ergibt sich ein Gesamtbild. Auf dieser Basis können gute Anlagenurteile getroffen werden.

Demzufolge lassen sich folgende Vorteile für die INOPS-Anlagestrategie zusammenfassen:

- Konservatives Anlagerisiko
- Stabile Dividendenausschüttung
- Kauf preiswerter Aktien mit Wertsteigerungspotential
- Volatilität bei Börsenschwankungen vertretbar
- Anlagehorizont 3 bis 5 Jahre oder mehr
- Streuung über verschiedene Indices

Stück	Bestand	WP-Art / WKN	Kaufkurs / Datum	Spesen	aktueller Kurs	G/V heute	G/V gesamt	Depotwert Gewichtung
								Stand 31.03.17
1	Allianz SE	Aktie	138,77		172,929	0,17	32,77	172,92
		840400	19.10.2016	1,38	Tradegate	0,10%	23,62%	18,30%
1	Bayer AG	Aktie	90,27		90,27	0,47	16,12	107,29
		BAY001	19.10.2016	0,9	Tradegate	0,44%	17,86%	11,35%
1	SAP SE	Aktie	79,34		91,321	-0,17	11,19	91,32
		716460	19.10.2016	0,79	Tradegate	-0,18%	14,10%	9,66%
1	Münchener Rück AG	Aktie	173,15		183,569	-0,1	8,68	183,56
		843002	19.10.2016	1,73	Tradegate	-0,05%	5,01%	19,42%
1	Linde AG	Aktie	148,65		156,844	0,46	6,71	156,84
		648300	19.10.2016	1,48	Tradegate	0,29%	4,51%	16,60%
1	Talanx AG	Aktie	27,56		32,969	-0,10	0,05	32,96
		TXL100	19.10.2016	0,27	Tradegate	-0,32%	18,63%	3,48%
1	Freenet AG	Aktie	25,46		30,219	-0,29	4,50	30,21
		A0Z2ZZ	19.10.2016	0,25	Tradegate	-0,97%	17,69%	3,19%
1	Infineon Tech AG	Aktie	16,12		19,094	-0,03	2,81	19,09
		623100	27.10.2016	0,16	Tradegate	-0,19%	17,49%	2,02%
1	Daimler AG	Aktie	65,58		69,046	-0,45	2,81	69,04
		710000	19.10.2016	0,65	Tradegate	-0,65%	4,28%	7,30%
1	CEWE Stifung	Aktie	89,08		81,515	-0,21	-8,45	81,51
		540390	27.10.2016	0,89	Tradegate	-0,26%	-9,49%	8,62%
			853,98			-0,25	82,31	944,80
			8,5			-0,02%	9,63%	100%

Musterdepot 2

Erläuterung:

WP-Art	Wertpapierart, in diesem Fall Aktie
Spesen	in diesem Fall 1% des Kaufpreises
G/V	Gewinn/Verlust in % und als realer Wert
Depotwert	realer Wert und %-Angabe zum 100%-Wert des Depots

Sie können immer davon ausgehen, dass sich nie alle 10 Werte einer solchen Auswahl ins Positive entwickeln. Nach dem Grundprinzip der Gauss'chen Verteilung haben sie immer sehr gut entwickelte Werte, Werte die sich normal entwickeln, aber auch Werte die sich nicht gut entwickeln.

Hier spielt mitunter eine Rolle, ob es politische oder firmenpolitische Einflüsse gegeben hat, konjunkturelle Zyklen wirken oder technologische Weiterentwicklungen gerade stattfinden, die Trends beeinflussen.
So zum Beispiel aktuell in der Automobilbranche die „Elektromobilität", die die ganze Branche zum Umdenken zwingt. Oder das Beispiel der „Industrie

4.0", was die aktuelle Industrielandschaft vollkommen verändert und damit großen Einfluss auf die Innovationsfähigkeit der Industriezulieferer hat.

Sortieren sie aus diesem Grund alle vier Wochen ihr Depot und schauen sie die Entwicklungen im Vergleich zueinander an. Entscheiden sie, ob es sich lohnt den einen oder anderen Wert zu verkaufen und durch einen neuen Wert zu ersetzten. Verfolgen sie die Veränderungen der aktuellen Bewertung und auch der Nachrichten über unsere Aktien entsprechend dem link der „10-jährigen Durchschnittswerte" und lesen daraus Trendveränderungen. Reagieren sie dann, wenn notwendig, durch Umschichtungen.

Wir von INOPS haben dieses System getestet und über Monate beobachtet. Wir sind davon überzeugt, dass dies, für einen langfristig orientierten Anleger, der ein vertretbares Risiko bereit ist einzugehen und eine stabile Entwicklung seiner Anlage sucht, mit Wertsteigerungen und größtmöglichen Dividendenrenditen, einen sehr guten Weg darstellt.

Wenn Sie aber sagen

- Ich will mich nicht so intensiv mit dem Thema Aktien beschäftigen
- Ich habe die Zeit dafür nicht
- Ich will nach festen Schemata handeln

dann wäre ein ähnliches Anlagekonzept für sie vielleicht richtiger.

Dieses Konzept beruht auf Fonds und ETF's. Die Systematik dieser Anlageklassen haben wir ihnen ja vorgestellt.

Hier folgen sie entweder einem Index, wie dem DAX oder MDax oder ähnlichem, oder sie entschließen sich einem gemanagten Fond anzuschließen, wo ein Fond-Manager die richtige Aktienauswahl für sie trifft. Auch dieses

System hat seine Vorteile und sie gehen bei der richtigen Auswahl von Fonds und ETF's ein relativ geringes Risiko ein.

Als Beispiel für eine solche Anlage haben wir ihnen ein „Musterdepot 1" zusammengestellt. Dies ist eine Auswahl an Fonds, die wir seit Jahren beobachten und die eine konstant gute Entwicklung zeigen.

Hier ist aber wichtig, dass sie folgendes beachten:

1. Richtige Auswahl des Instrumentes (entsprechend der Performance der letzten Jahre und ihrer Risikobereitschaft)
2. Ausgabeaufschlag 4-5% (verhandelbar mit ihrer Bank)
3. Verwaltungs-Gebühren jährlich 0,8 – 1,2%

Wir haben in diesem Depot vier unterschiedliche Fonds, ein Index-Fond – der Unideutschland und drei gemanagte Fonds, der Flossbach von Storch Multiple Oppurtunities, Siemens Global Growth-EUR und den Unideutschland XS. Die Entwicklung dieser vier Fonds ist in zweierlei Hinsicht unterschiedlich.

Die Fonds Unideutschland und Siemens entwickeln sich in etwa dem DAX entsprechend, die Fonds Unideutschland XS und Flossbach von Storch unterdurchschnittlich, unvolatil und risikoarm. Wie wir meinen eine gute Mischung für einen langfristig orientierten Anleger.

Stück Bestand		WP-Art WKN	Kaufkurs Datum	Spesen	aktueller Kurs	G/V heute	G/V gesamt	Depotwert Gewichtung
								Stand 31.03.17
1	Flossbach von Storch SICAV Multiple Opportunities	Fond A0M430	230,44 19.10.2016	230,44	236,872 Tradegate	1,08 0,46%	6,43 2,79%	236,87 39,94%
1	Siemens Global Growth-EUR ACC	Fond 977265	7,6 19.10.2016	7,6 0	8,543 Tradegate	0,05 0,62%	0,94 12,40%	8,54 1,44%
1	Unideutschland XS	Fond 975049	133,559 19.10.2016	133,56	139,61 Frankfurt	2,56 1,86%	6,05 4,53%	139,61 23,54%
1	Unideutschland	Fond 975011	185,207 19.10.2016	185,2017	139,61 Tradegate	0,32 0,15%	22.73 12,27%	207,94 35,06%
				556,8		4,02 0,68%	36,16 6,49%	556,81

Musterdepot 1

Sowohl das „Musterdepot 1" als auch das „Musterdepot 2" haben wir seit 19.10.2016 parallel beobachtet und protokoliert. Sie können sehr schön sehen, wie sich der DAX entwickelt, als Referenzkriterium zu den Entwicklungen der Depots 1 und 2.

Anschaulich wird, dass das Depot 1 das Krisen resistente und Risiko loseste Instrument ist. Was sich aber folglich auch im Ertrag als eher gering darstellt.

Das Depot 2 ist ja entsprechend der INOPS-Anlagestrategie ausgewählt und zeigt sich in etwa der Entwicklung des Referenzwertes des DAX.

MUSTERDEPOT-Performance Freitag 19:00				
Datum	DAX	MD 1	MD 2	DAX-Entwicklung
19.10.2016	10.645	100,00	100,00	100,00%
27.10.2016	10.717	98,94	99,79	100,68%
03.11.2016	10.322	96,40	97,15	96,97%
10.11.2016	10.630	97,15	102,31	99,86%
17.11.2016	10.700	97,17	100,37	100,52%
24.11.2016	10.692	96,96	100,57	100,44%
02.12.2016	10.513	95,73	98,45	98,76%
09.12.2016	11.204	99,68	103,42	105,25%
16.12.2016	11.404	100,33	104,49	107,13%
23.12.2016	11.450	100,51	104,70	107,56%
30.12.2016	11.481	101,30	104,76	107,85%
06.01.2017	11.580	102,27	105,02	108,78%
13.01.2017	11.629	102,62	104,79	109,24%
20.01.2017	11.630	102,62	104,17	109,25%
28.01.2017	11.814	104,32	106,02	110,98%
03.02.2017	11.651	103,40	104,16	109,45%
10.02.2017	11.667	103,61	104,33	109,60%
17.02.2017	11.758	104,69	105,45	110,46%
24.02.2017	11.804	104,31	105,97	110,89%
03.03.2017	12.027	105,77	107,46	112,98%
10.03.2017	11.963	105,25	107,46	112,38%
17.03.2017	12.095	105,84	108,18	113,62%
24.03.2017	12.064	105,27	107,58	113,33%
31.03.2017	12.270	106,70	109,50	115,27%

Diese Tabelle ist auf unserer Homepage www.was-tun.tv erhältlich, wie auch das folgende Diagramm.

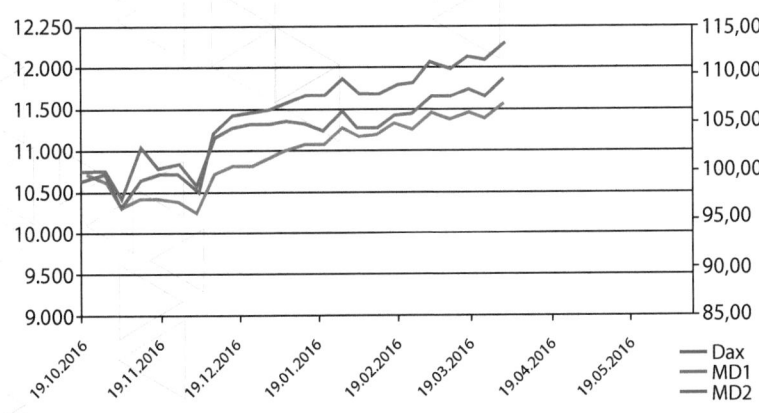

Gibt es denn überhaupt noch günstige Aktien nach den vielen Jahren der aktuell laufenden acht-jährigen Aktien Rally?

Ja, da immer noch fundamentale Kennzahlen und Geschäftsaussichten viel Kurspotential versprechen, bei der Anwendung einer Entscheidungsfindung nach der INOPS-Methode für ihre Anlagestrategie.

Aufbau eines Aktiendepots anhand der INOPS-Anlagestrategie

Nach dem theoretischen Ansatz möchten wir abschließenden mit ihnen zusammen ein Musterdepot mit Stand 17.04.2017 entwickeln und aufzeigen.

Dieses Musterdepot wird fünf DAX-Werte, drei MDax-Werte und zwei TecDax-Werte beinhalten.

Grundlage für die Auswahl sind die Informationen über KGV, KBV und Dividendenrendite, die wir uns aus über den Link

www.boersengefluester.de/10-jahres-durchschnitt-kgv-kbv-dividendenrendite/
einholen.

Unternehmen	WKN	Aktienkurs	KGV Ø10 Jahre	KGV (aktuell)
Daimler	710000	66,42 €	10,34	10,22
Volkswagen VZ	766403	131,15 €	9,77	10,93
BMW ST	519000	82,83 €	13,64	11,50
Münchener Rück	843002	183,00 €	11,38	11,62
Allianz	840400	170,75 €	10,34	12,02

Demnach ist die KGV günstigste Aktie mit Datum 17.04. die Daimler Aktie, gefolgt von VW, BMW, Münchener Rück und schließlich Allianz.

Die Informationen über KBV-Bewertung holen wir uns auf dem gleichen Weg.

Unternehmen	WKN	Aktien-kurs	KGV Ø10 Jahre	KGV (aktuell)	KBV Ø10 Jahre	KBV (aktuell)
E.ON	ENAG99	7,28 €	15,69	13,49	1,18	0,00
Deutsche Bank	514000	15,13 €	20,62	24,40	0,54	0,35
Commerzbank	CBK100	8,04 €	20,48	20,60	0,46	0,35
Volkswagen VZ	766403	131,15 €	9,77	10,93	0,88	0,74
Münchener Rück	843002	183,00 €	11,38	11,62	0,98	0,98

Die Werte mit dem günstigsten KBV sind demnach E.ON, Deutsche Bank, Commerzbank, VW und Münchener Rück.

Wir haben also hier eine Schnittmenge von zwei Aktien, die unseren Kriterien entsprechen, VW und Münchener Rück.

Schauen wir uns dann das dritte Kriterium an, die Dividendenrendite aus der gleichen Informationsquelle

Unter-nehmen	WKN	Aktien-kurs	KGV Ø10 Jahre	KGV (ak-tuell)	KBV Ø10 Jahre	KBV (aktu-ell)	Divi-denden-redite Ø10 Jahre	Divi-denden-rendite (aktuell)
Daimler	710000	66,42 €	10,34	10,22	1,36	1,30	4,28 %	4,89 %
Münche-ner Rück	843002	183,00 €	11,38	11,62	0,98	0,98	5,07 %	4,75 %
ProSieben Sat.1 Media	PSM777	40,77 €	17,83	15,21	7,53	9,75	6,33 %	4,66 %
Allianz	840400	170,75 €	10,34	12,02	1,06	1,22	4,77 %	4,51 %
BMW ST	519000	82,83 €	13,64	11,50	1,38	1,21	3,01 %	4,23 %

Bezogen auf die Aktie mit der höchsten Dividendenrendite führt die Daimler Aktie, gefolgt von Münchener Rück, Pro Sieben, Allianz und BMW.

Mit dem dritten Kriterium unserer Strategie haben wir nun eine Übereinstimmung von lediglich einer Aktie, der **Münchener Rück**. Diese Aktie erfüllt alle drei Kriterien, die unserer Strategie zugrundeliegen.

Damit haben wir die erste Aktie für unser Depot.

Haben wir uns bei dieser Suchauswahl bisher auf die ersten fünf Aktien aus unserer Tabelle beschränkt und nur eine Aktie gefunden, so ist nun das Kriterium der Suche auf die ersten zehn Aktien je Kriterium zu erweitern.

Tun wir dies nach der gleichen Systematik, wie eben erläutert, erhalten wir folgende Aktien zusätzlich, die unseren Kriterien entsprechen:

Daimler, BMW, Allianz und E.on

Entsprechend haben wir die ersten fünf Aktien für unser Musterdepot aus dem Index DAX wie folgt:

Unternehmen	WKN	Aktienkurs	KGV Ø10 Jahre	KGV (aktuell)	KBV Ø10 Jahre	KBV (aktuell)	Dividendenredite Ø10 Jahre	Dividendenrendite (aktuell)
Münchener Rück	843002	183,00 €	11,38	11,62	0,98	0,98	5,07 %	4,75 %
Daimler	710000	66,42 €	10,34	10,22	1,36	1,30	4,28 %	4,89 %
BMW ST	519000	82,83 €	13,64	11,50	1,38	1,21	3,01 %	4,23 %
Allianz	840400	170,75 €	10,34	12,02	1,06	1,22	4,77 %	4,51 %
E.ON	ENAG99	7,28 €	15,69	13,49	1,18	0,00	5,16 %	4,12 %

Was wir auch noch prüfend aus dieser Auswahl erkennen können, ist der Vergleich der Kriterien anhand der Durchschnittswerte der letzten 10 Jahre (grüne Werte). Hier erkennen Sie, dass diese Aktien auch in den letzten 10 Jahren eine ähnlich gute Entwicklung hatten und wir hier eine Verlässlichkeit voraussetzten können.

Die gleiche Systematik wenden wir jetzt auf den MDax und den TecDax an und erhalten folgende MDax-Werte

Aareal Bank, Talanx und Deutsche Euroshop

Unter-nehmen	WKN	Aktien-kurs	KGV Ø10 Jahre	KGV (ak-tuell)	KBV Ø10 Jahre	KBV (ak-tuell)	Divi-denden-redite Ø 10 Jahre	Dividen-denren-dite (aktuell)
Aareal Bank	540811	33,99 €	9,24	11,72	0,55	0,74	4,55 %	5,30 %
Talanx	TLX100	33,00 €	8,87	11,00	0,90	0,95	4,59 %	4,09 %
Deutsche Euro-Shop	748020	39,21 €	13,47	13,76	1,15	1,25	3,94 %	3,70 %

Damit haben wir auch die drei Werte aus dem MDax, fehlen also noch die beiden Werte aus dem TecDax, die wir noch gleicher Methode suchen:

Telefonica Deutschland und Software AG

Unterneh-men	WKN	Aktien-kurs	KGV Ø10 Jahre	KGV (ak-tuell)	KBV Ø10 Jahre	KBV (ak-tuell)	Divi-denden-redite Ø10 Jahre	Divi-den-den-rendi-te (ak-tuell)
Telefónica Deutsch-land	A1J5RX	4,56 €	20,61	0,00	1,96	1,57	6,31 %	5,71 %
Software AG	330400	36,30 €	15,47	14,24	2,53	2,41	1,84 %	1,76 %

Das war nun der Auswahl-Prozess mit Stand 17.04.2017 und wir haben ein Musterdepot, das nun wie folgt aussieht:

Unternehmen	WKN	Aktienkurs	KGV Ø10 Jahre	KGV (aktuell)	KBV Ø10 Jahre	KBV (aktuell)	Dividendenrendite Ø10 Jahre	Dividendenrendite (aktuell)
Münchener Rück	843002	183,00 €	11,38	11,62	0,98	0,98	5,07 %	4,75 %
Daimler	710000	66,42 €	10,34	10,22	1,36	1,30	4,28 %	4,89 %
BMW ST	519000	82,83 €	13,64	11,50	1,38	1,21	3,01 %	4,23 %
Allianz	840400	170,75 €	10,34	12,02	1,06	1,22	4,77 %	4,51 %
E.ON	ENAG99	7,28 €	15,69	13,49	1,18	0,00	5,16 %	4,12 %
Aareal Bank	540811	33,99 €	9,24	11,72	0,55	0,74	4,55 %	5,30 %
Talanx	TLX100	33,00 €	8,87	11,00	0,90	0,95	4,59 %	4,09 %
Deutsche EuroShop	748020	39,21 €	13,47	13,76	1,15	1,25	3,94 %	3,70 %
Telefónica Deutschland	A1J5RX	4,56 €	20,61	0,00	1,96	1,57	6,31 %	5,71 %
Software AG	330400	36,30 €	15,47	14,24	2,53	2,41	1,84 %	1,76 %
Mittelwert				10,96		1,16		4,31 %

Stand 17.04.2017

Die Attraktivität dieses Musterdepots wird sich gerade in der nun anlaufenden Dividenden-Periode darstellen, denn es winken stattliche Dividendenausschüttungen von durchschnittlich 4,31%. Wir liegen mit dem KGV deutlich unter dem langjährigen Durchschnittswert von 13 und mit dem KBV fast an 1.

WAS TUN!?

Dem Erfolg dieses Depots gehört die Zukunft und es stellt eine relativ konservative und risikovertretbare Geldanlage mit einer starken Dividendenrendite dar.

#Wir wünschen Ihnen viel Erfolg bei Ihrer Geldanlage und ihrem Vermögensaufbau #

Hinweis:
Der Inhalt dieser Empfehlung dient ausschließlich der Information und stellt weder eine Anlageberatung oder eine sonstige Empfehlung im Sinne des Wertpapierhandelsgesetzes dar, noch ist diese Information als Zusicherung etwaiger Kursentwicklungen zu verstehen. Die geäußerten Ansichten geben allein die Meinung des Autors wieder.

Gefahren für einen langfristigen Vermögensaufbau

Die Luft wird dünner, dies lässt sich mit hoher Wahrscheinlichkeit sicherlich für die nahe Zukunft feststellen. Wobei das aktuelle Börsenjahr 2017 ähnlich turbulent sein wird, wie das abgelaufene Jahr 2016. Eins ist aber dennoch klar festzuhalten:

ANLEGER SOLLTEN DENNOCH WEITERHIN AUF AKTIEN SETZEN

Rückblickend kann man aus wirtschaftlicher Sicht durchaus sagen – das Jahr 2016 war kein gutes Jahr. Dabei steht im Kontext, dass die Briten sich aus der EU verabschiedet haben, ein unberechenbarer Donald Trump der neue Präsident der USA geworden ist und in Italien der drittgrößten Bank doch tatsächlich das Geld ausgegangen ist. Aber das Unternehmertum hat in 2016 seine Hausaufgaben gemacht und die börsennotierten Firmen auf Erfolg getrimmt. Dies lässt sich aus den im März 2017 veröffentlichten Geschäftsberichten deutlich erkennen.

Entsprechend zeigten sich die Börsen unter dem Strich gesehen, relativ unbeeindruckt. Das Börsenjahr 2016 war turbulent, es ging turbulent zu, aber es gab keinen Börsen-Crash. DER deutsche Leitindex DAX legte entsprechend ein Plus von 8% aufs Parkett, der Leitindex der USA kletterte sogar von Rekordstand zu Rekordstand.

Diese Entwicklung ist nicht unverständlich, befinden wir uns doch in einer

Spätphase eines Haussezyklus, der nunmehr schon seit acht Jahren andauert. Dies im wesentliche getrieben, wie wir dies ja auch bereits erläutert haben,- durch die ultralockere Geldpolitik der FED und der EZB, die beide nach der Finanzkrise Milliarde jeden Monat in die Märkte pumpen und somit, auch wegen Alternativlosigkeit, die Aktienkurse steigen.

Aber von einer gefährlichen Euphorie, die meistens einem Börsencrash vorausgeht, merken wir derzeit nichts. Von Übertreibungen am Aktienmarkt ist nichts zu spüren.

Dass Aktien im Jahr 2017 nochmals einen kräftigen Höhenflug erleben, gilt als eher unwahrscheinlich, obwohl wir seit Anfang des Jahres einen kräftigen Anstieg der Indices erlebt haben. Es ist anzunehmen, dass bei sich weiter volatil verhaltenden Märkten, die Anleger sich von üppigen Renditen wie in den letzten Jahren verabschieden müssen. Sind die Erwartungen aber bei vier bis neun Prozent Anstieg an den Aktienmärkten prognostiziert und kommt dazu noch eine Dividendenrendite von 2- 5 %, ist dies immer noch besser als auf dem Sparbuch keine Zinsen zu erhalten.

Aus diesem Grund wird es auch für die Jahre nach 2017 keine Alternative zu einer Aktieninvestitionen geben.

Trotz der hohen Kursstände gelten Aktien immer noch als unterbewertet. Warum ist dies so, weil das KGV des deutschen Leitindexes noch bei rund 12-13 % liegt und damit unter dem historischen Bewertungsdurchschnitt liegt. Dies ist nicht unlogisch, da ja die Unternehmen kräftig ihre Gewinne gesteigert haben und weiter steigern werden.

Neben den weiter steigenden Gewinnerwartungen der Unternehmen gibt es
noch gute Gründe für weiter steigende Kurse

- Die EZB wird noch auf Jahre hinaus an ihrer lockeren Geldpolitik
  festhalten und die Märkte mit billigem Geld stützen. Dies ist notwendig,
  weil die EU sehr heterogene Volkswirtschaften unter einer gemeinsamen
  Währung führt

- Der Ölpreis wird sich weiter, aber langsam, stabilisieren und damit für
  steigende Gewinne von US-Unternehmen und Ölförderländern sorgen.
  Dieses zusätzlichen Gewinne werden im wesentlichen wieder investiert
  und treiben so die Weltwirtschaft

- Setzt Donald Trump seine Steuerpläne tatsächlich um, würde dies für US-Firmen deutliche Steuererleichterungen nach sich ziehen, verbunden mit wiederum steigenden Gewinnen

Wichtig ist nochmals festzuhalten, dass der übergeordnete Trend der Aktienindizes in Takt ist und es auch bei Schwankungen nicht zu einer Veränderung dieses Trends kommen wird.

Privatanleger sind immer in der Lage auch die volatilen Märkte dahingehend zu nutzen, dass sich günstige Einstiegskurse ergeben und so die Möglichkeit von steigenden Gewinnen optimiert werden kann. Aus diesem Grund ist es immer ratsam, „Pulver trocken zu halten" um es im richtigen Moment einsetzen zu können. Außerdem ist an Gewinnmitnahmen auch noch niemand verstorben.

Privatanleger sollten aus diesen Gründen bei ihrer Strategie bleiben und gar nichts tun, auch wenn die Unsicherheiten an den Märkten zunehmen sollten. Abwarten, der Trend ist ungebrochen, investiert bleiben und den Investitionszeitraum ausspielen.

WAS TUN!?

8.1 Politische Aspekte

Schauen wir uns drei politische Aspekte an, die für 2017 und die folgenden Jahre entscheidend sein könnten.

Donald Trump

Selten ist ein neuer US-Präsident an den Börsen so stürmisch begrüßt worden wie Donald Trump. Seit der politisch unerfahrene Immobilen-Besitzer die Wahl im November 2016 gewonnen hat, ist der Kurs des US-Aktienindex DOW um rund fünfzehn Prozent gestiegen.

Dabei haben die Banktitel überdurchschnittlich von dieser Entwicklung profitiert. Bis Mitte März konnte der DOW auf fast 22.000 Punkte weiter anziehen. Ab dann konsolidierte aber die Euphorie, sicherlich auch wegen den ersten politische Fehlschlägen und den Unstimmigkeiten in der Regierung, aber auch im gesamten politischen Washington.

Börsianer erwarten, dass die neue Regierung die Steuern senken wird, staatliche Investitionen in die Infrastruktur angeschoben werden und Unternehmen, vor allem jene aus dem Finanzsektor, von Regulierungen befreit werden.

Das alles wird die Unternehmensgewinne weiter kräftig steigen lassen. Dass er das kann, ergibt sich aus den Mehrheitsverhältnissen der Republikaner in den beiden Kammern des US-Parlamentes, wenn die Republikaner sich dann auch einig sind!

Auch Goldman Sachs prognostiziert, dass die Trump Politik der amerikanischen Wirtschaft ab Mitte 2017 einen zusätzlichen Schub geben wird. Wie übrigens alle Banken steht aber auch Goldman Sachs vor dem Problem, den sprunghaften Charakter und das in vielen Punkten noch immer undurch-

sichtige Programm des neuen Präsidenten genau einzuschätzen. Die Grunderwartung ist aber durchaus positiv, wobei die Risiken aber erheblich sein können. Vor allem eine aggressive Umsetzung der Handels- und Einwanderungspolitik des neuen Präsidenten könnte dabei das wirtschaftliche Wachstum bremsen.

Zusammenfassend kann gesagt werden, eine positive Erwartungshaltung wurde an den Börsen vorweggenommen und hat sich in steigenden Kursen deutlich gezeigt. Wehe wenn diese Erwartungshaltung nicht erfüllt wird, kann es zu einer Konsolidierung kommen.

Europa

In Europa steht ein Super-Wahljahr an. Bei all den anstehenden Abstimmungen ist die entscheidende Frage, wie stark die nationalistischen und damit europafeindlichen Parteien abschneiden werden. Je schwächer sich die europäische Einheit bei den Wahlen zeigen wird, desto ungemütlicher wird es für die Börse werden.

Den Auftakt machten bekanntlich die Niederländer, die mit einem klaren Votum diesen Tendenzen entgegen geschritten sind und sich mit einer sehr hohen Wahlbeteiligung für eine proeuropäische Politik entschieden haben.

In Frankreich wird im April/Mai der neue Präsident gewählt. Wahrscheinlich wird es nach dem ersten Wahlgang zu einer Stichwahl kommen zwischen der europafeindlichen Marine Le Pen und dem proeuropäischen Mittekandidaten Macron.

In Deutschland findet die Bundestagswahl am 23.September statt. Hierzulande ist es eher unwahrscheinlich, dass eurokritische Parteien in den Kampf um die Regierungsbildung eingreifen können. Es wird aber sehr spannend sein, ob es einen Lager-Wahlkampf geben wird. Mitte/Rechts gegen Links/Links. Es ist aber anzunehmen, dies als Ableitung aus der Länderwahl im Saarland, dass die Bundesbürger keine Linken-Beteiligung an einer neuen

Bundesregierung wollen und es somit möglicherweise wieder auf eine große Koalition unter Führung von Frau Merkel hinausläuft.

Ob es in Italien 2017 Neuwahlen geben wird ist durchaus denkbar. Auch hier bleibt abzuwarten wie die populistischen Bewegungen abschneiden werden.

China

In China wird sich die kommunistische Partei im Herbst 2017 zu ihrem Parteitag versammeln, der alle fünf Jahre stattfindet. Dabei wird zu beobachten sein, wie das neue wirtschaftliche Fünf-Jahres-Programm der KP Chinas aussehen wird. Es wird sicherlich so sein, dass das enorme Wirtschaftwachstum der letzten Jahre getrieben durch Export diese hohen Raten nicht mehr wird fortsetzten können und die Politik sich entschließt, den Konsum und die Dienstleistungen im Inland weiter zu forcieren.

Bildquelle: handelsblatt.de

Wenn das Wirtschaftswachstum durch Export nicht mehr weiter zu steigern ist oder sogar nachlässt, wird der Staat helfend einspringen und über

Investitionsprogramme steuernd eingreifen. Dies hätte den Vorteil, dass die Hochkonjunktur, die China dringend braucht, mittelfristig anhält, aber im Gegenteil die aufgebauten Überkapazitäten weiter steigen und die Staatsverschuldung zunehmen wird.

Auch hierbei wird von entscheidender Bedeutung sein, wie die Trump'schen Handelsembargo-Ideen greifen werden. Es wird für die weltweiten Märkte sehr entscheidend sein, wie China die Vorgaben für ein zukünftiges Wachstum neu festlegen wird.

Darüber hinaus sind aber immer wieder Ereignisse mit terroristischem Hintergrund möglich, die die weltweiten Börsen in Atem halten können. Kriegstreibereien in Syrien (Stellvertreterkriege), Ukraine sind nach wie vor ungelöst und eskalieren mehr und mehr. Nord-Korea stellt sich zunehmend für die Weltgemeinschaft als Unsicherheitsfaktor wegen seiner nuklearen Aufrüstung und Erprobung dar.

Solche Ereignisse haben aber jedes Jahr - leider Gottes – bestand und sind daher nicht ungewöhnliche Ereignisse.

8.2 Wirtschaftspolitische Aspekte

2016 erlebte die Weltwirtschaft mit einem Wachstum von nur 2,9% das schwächste Jahr seit der Krise 2009. Inzwischen mehren sich aber die Anzeichen, dass die globale Konjunktur wieder Aufwind erhält und dass die globale Wirtschaftsleistung im Jahr 2017 mit einer Zuwachsrate von 3,2% wachsen kann. Sie würde damit wieder an ihr durchschnittliches Expansionstempo der Jahre 2012 bis 2015 anschließen, was wiederum auch gute Aktienjahre waren.

Die Erholungstendenzen, die in fast allen Weltregionen zu beobachten sind, kommen letztlich doch für viele Konjunkturbeobachter überraschend.

Schließlich hat das vergangene Jahr mit seinen unerwarteten Ergebnissen der BREXIT-Abstimmung in Großbritannien und der US-Präsidentenwahl für erhebliche Verunsicherung gesorgt. Auch die in diesem Jahr zu erwartenden Wahlentscheidungen in Frankreich und Deutschland, gegebenenfalls auch Italien bieten Anlass zur Sorge, da eine Regierungsbeteiligung von Anti-EU-Kräften nicht ausgeschlossen werden kann.

Gestern, dies nebenbei, hat sich die Türkei für ein Präsidialsystem ihres Landes entschieden, zwar knapp, aber sie hat. Auch dies wird Auswirkungen haben, denn 48% der Exportleistung der Türke fließt in die EU. Die Beitrittsverhandlungen mit der Türkei, werden sicherlich auf einen Prüfstand und einer Neubewertung gestellt werden müssen. Zumal, wenn Erdogan die Todesstrafe wieder einführen will.

Trotz all dieser negativ zu beurteilenden politischen Risiken sind die Volkswirte doch wegen der positiven Konjunkturperspektiven optimistisch für das Jahr 2017 und auch 2018 gestimmt.

Seit etwa einem halben Jahr signalisieren weltweite Frühindikatoren eine Konjunkturbelebung. Vor dieser Zeit haben sich die einschlägigen Indikatoren eher seitwärts bewegt und eine uneinheitliche Tendenz gezeigt.
Wie schon erwähnt, ist der Zusammenhang zwischen der Entwicklung der Rohstoffpreise und der chinesischen Konjunktur besonders eng. Wächst China, entwickeln sich auf dieser Basis, wegen dem „Energiehunger" der Chinesen auch die Rohstoffe. Stagniert China, oder wächst nicht in Bereichen von über 8% jährlich, stagnieren auch die Rohstoffpreise.

In 2017 dürfte China aber nicht zu den Wachstumstreibern zählen – ebenso wenig wie Europa. Die wichtigsten Konjunkturerholungen dürften demnach aus Nord- und Südamerika zu erwarten sein.

Allein eine für dieses Jahr erwartete Wirtschaftsbeschleunigung in den USA trägt knapp ein dritte zur globalen Konjunkturverbesserung bei. Noch deutlich größer ist der Wachstumsbeitrag in Lateinamerika. Lateinamerika steckte im vergangenen Jahr noch in einer tiefen Rezession. Für 2017 zeichnet sich allerdings in Brasilien zumindest ein Ende des wirtschaftlichen Schrumpfungsprozesses ab.

In Argentinien sollte die Rückkehr zu positiven Wachstumsraten gelingen, wie auch in Mexiko, trotz Trump-Drohungen. Lediglich Venezuela ist weiterhin auf einer Talfahrt. Aber insgesamt dürfte sich Lateinamerika weiter erholen und damit seinen Teil zur globalen wirtschaftlichen Performance beitragen.Auch in anderen Regionen sollten Schwellenländer von den erholten Öl- und Rohstoffpreisen profitieren. Besonders positiv dürfte sich dies gerade auch für die russische Wirtschaft bemerkbar machen.

Neben der Erholung der Rohstoffpreise spielt eine expansivere Ausrichtung der Fiskalpolitik in vielen Ländern eine wichtige Rolle für die Aufhellung des konjunkturellen Ausblicks. Vor allem in den Vereinigten Staaten sind erwartete Fiskalimpulse ein Argument für optimistischere Konjunkturprognosen und wohl auch ein wichtiger Grund für die aktuell sehr positive Grundstimmung bei den Anlegern an den Finanzmärkten.

In Europa dürfte eine etwas expansivere Ausrichtung der Finanzpolitik in den meisten Ländern eine stärkere Wachstumsabschwächung verhindern. Einen stabilisierenden Effekt hat die Fiskalpolitik auch in China, wo die Wachstumsraten wohl noch deutlich zurückgehen werden.Trotz verbesserter Konjunkturaussichten ist zunächst noch nicht mit einer durchgreifenden Beschleunigung des Preisauftriebs zu rechnen. Zwar sind in den Industrieländern Anfang dieses Jahres wieder deutlich höhere Inflationsraten verzeichnet worden. Mit Veröffentlichung der März-Inflation ist die Rate aber wieder zurückgehend unter 2%.

Mit im Durchschnitt 1,8% sollten diese aber noch unter den Warnmarken von 2% der EZB bleiben. Hinzu kommt, dass der aktuelle Teuerungsschub vor allem Basiseffekte des höheren Ölpreises und sich verteuernden Lebensmittel wiederspiegelt.

Da aber noch nicht von anhaltend steigenden Ölpreisen auszugehen ist und saisonal sich auch die Teuerung bei Lebensmitteln wieder bereinigt, wird es zu keiner signifikanten Verteuerungsrate in 2017 kommen.

Weitere Inflationstreiber sind derzeit nicht erkennbar. Ins besonders von der Lohnseite kommt in 2017 sicherlich kein Druck auf die Preise. Die gesamtwirtschaftlichen Kapazitäten sind vielerorts zwar mittelfristig recht gut ausgelastet, doch in kaum einem Land ist eine nennenswerte Überauslastung zu beobachten, die zu einer Lohn-Preis-Spirale führen könnte.

Wenn die Inflationsraten aber stärker steigen sollten als bislang erwartet, müsste auch die FED rascher reagieren. Das wiederum dürfte die Finanzmärkte erschüttern. Anleihen von Staaten und Unternehmen sind derzeit extrem hoch bewertet, eine Folge des superexpansiven Kurses der Notenbanken. Westliche Staatsanleihen werfen inzwischen größtenteils negative Renditen ab. Die Verschuldung der Weltwirtschaft hat Rekordhöhen erreicht, und sie steigt immer noch weiter an. In dieser Situation könnte auch ein scheinbar geringer Anstieg der Leitzinsen enorme Verwerfungen auslösen. Dazu kommen wirtschaftlich/politische Risiken. Weltweit greift Protektionismus um sich. Importe werden durch administrative Maßnahmen er-

schwert, das Netzwerk der globalen Wertschöpfungsketten wird gelockert. Importe werden tendenziell teurer. Der internationale Wettbewerbsdruck geht zurück.

Es braucht keinen ausgewachsenen Handelskrieg, um Preiseffekte auszulösen. Doch eine solche Zuspitzung ist leider keineswegs abwegig. Wiederum Donald Trump, der im Wahlkampf hohe Zölle gegen die verschiedensten Industieländer angekündigt hat, ist als Gefahr für diesen Protektionismus zu bezeichnen.

Zusammenfassend sind aber all dies Themen überschaubar und werden die Entwicklung der globalen Märkte nicht übermäßig belasten. Deshalb kann man sicherlich davon ausgehen, dass sich die Aktienmärkte in 2017 weiter positiv entwickeln und am Ende des Jahres 2017 mit einem DAX-Stand von etwas 12750 abschließen werden.

Dies entspricht wiederum einem Anstieg um 8% gegenüber dem Endstand 2016. Die Bewertung des DAX auf Basis des KGV wird demzufolge etwa bei 13% bleiben. Steigt der Indes in 2018 wiederum um etwa 10% würde dies einen KGV von etwa 12% entsprechen und damit die Attraktivität des Aktieninvestments deutlich unterstreichen.

8.3 Soziale Aspekte

Gerade eben ist der neue Armutsbericht 2017 veröffentlich worden.

Trotz guter Wirtschaftsentwicklung sei die Armutsgefahr in Deutschland so groß wie nie, warnen Sozialverbände. Wer ist betroffen? Und welche Rolle spielt die Kaufkraft? Die Wirtschaft in Deutschland wächst, die Arbeitslosigkeit sinkt - und trotzdem meldet der Paritätische Wohlfahrtsverband, dass sich die Armut auf einem historischen Höchststand befindet. Wieder einmal. Die Armutsquote liege nun bei 15,7 Prozent – das bedeutet rein rechnerisch, dass 12,9 Millionen Menschen hierzulande arm sind. Die Quote schwankt

seit Jahren leicht, 2005 betrug sie noch 14,7 und damit ein Prozentpunkt weniger als heute.

"Die wirtschaftliche Entwicklung schlägt sich schon lange nicht mehr in einem Sinken der Armut nieder", sagt Verbandsgeschäftsführer Ulrich Schneider. Das Ruhrgebiet und Berlin seien besonders betroffen. In Ostdeutschland jedoch geht die Armutsgefährdung laut der Studie zurück. In den meisten westdeutschen Bundesländern sei sie dagegen gestiegen.

Der Bericht nutzt den relativen Einkommensarmutsbegriff, den auch offizielle Statistiken verwenden. Demnach sind Menschen dann arm, wenn sie über weniger als 60 Prozent des mittleren Einkommens verfügen. Zugrunde liegt dabei "das gesamte Nettoeinkommen des Haushaltes, inklusive Wohngeld, Kindergeld, Kinderzuschlag, andere Transferleistungen oder sonstige Zuwendungen". In Deutschland gilt per dieser Definition als arm, wer als Single weniger als 917 Euro netto verdient, bei einer Alleinerziehenden mit einem Kind unter sechs Jahren liegt die Grenze bei 1.192 Euro und bei einer vierköpfigen Familie je nach Alter der Kinder zwischen 1.978 und 2.355 Euro netto. Ob diese Menschen wirklich als arm zu bezeichnen sind, ist aber umstritten.

Besonders gefährdet sind kinderreiche Familien, Arbeitslose, Alleinerziehende, Migranten und zunehmend auch Rentner. Dieser Personenkreis macht in Großstädten fast zwei Drittel der Bevölkerung aus, in eher ländlichen Gebieten nur knapp die Hälfte.

Bei Rentnern hat sich die Armutsquote besonders drastisch entwickelt: 2014 lag sie mit 15,6 Prozent oder 3,4 Millionen erstmals über dem Durchschnitt – jetzt sind es 15,9 Prozent. Die Autoren der Studie haben berechnet, dass die Zahl der Rentner unterhalb der Armutsschwelle seit 2005 um 49 Prozent zugenommen hat. Anzumerken ist dabei, dass die Berechnungen nur das Einkommen der Rentner berücksichtigen, aber nicht ihren Besitz wie etwa Immobilien.

Sozialverbände kritisieren auch die Armutsquote bei Kindern, die mit rund 19 Prozent weiterhin deutlich über dem Durchschnitt der Bevölkerung liege. Erklärt wird das mit dem Wandel der Familienstrukturen: Die Zahl der Alleinerziehenden, die ein Armutsrisiko von 44 Prozent hätten, habe in den vergangenen Jahrzehnten zugenommen. Die Hälfte der armen Kinder lebt heute bei einem alleinerziehenden Elternteil. Auch bei Ausländern und Menschen mit niedrigem Qualifikationsniveau stieg das Armutsrisiko auf 34 und 32 Prozent.

Zwei Millionen Kinder sind dem Bericht zufolge von Armut gefährdet, weil kein Elternteil erwerbstätig ist oder ein Alleinverdiener nur in Teilzeit arbeitet. Das Armutsrisiko von Kindern beträgt 64 Prozent, wenn kein Elternteil arbeitet. Trotz Rekordbeschäftigung hat sich der Anteil der von Armut bedrohten Menschen in den vergangenen Jahren nicht verringert.

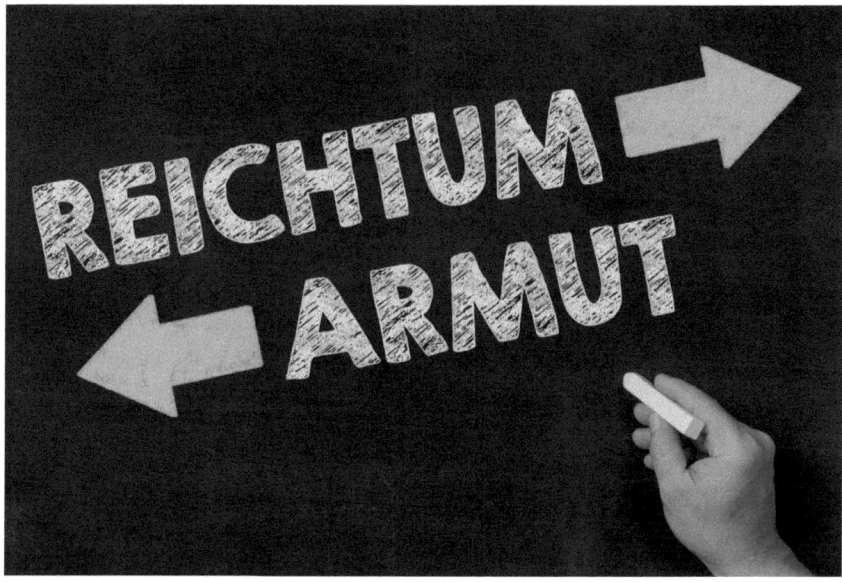

Wir müssen in Deutschland aufpassen, dass wir als Grundlage unserer sozialen Marktwirtschaft das Thema soziale Gerechtigkeit nicht vernachlässigen. Soziale Gerechtigkeit ist die Grundlage, dass die soziale Marktwirtschaft funktioniert, das eine Solidaritätsgemeinschaft bemüht ist, den Staat weiter zu entwickeln und wirtschaftlichen Erfolg zu haben. Drittens, das letztendlich der Generationenvertrag funktioniert.

Trotz Mindestlohn und trotz kleinster Arbeitslosenzahlen seit Jahrzehnten, wird die Kluft zwischen arm und reich zunehmend größer. Dies ist sozialer Sprengstoff, der unser Wirtschaftsleben gefährden kann und unseren sozialen Frieden außer Kraft setzten kann.

Unter dem Aspekt der perspektivischen Analyse unseres Wirtschaftsystems und der Perspektive für richtiges Sparen und Vermögensaufbau für alle Bevölkerungsschichten ist dies Frage dringend zu lösen. Mit Sicherheit wird dies eines der größten zu diskutierenden Themen des anstehenden Wahlkampfes 2017 für die Bundestagswahl sein. Staatsverdrossenheit, die sich im Wesentlichen auch aus diesem Konflikt einstellt, gilt es klare perspektivische Antworten zu geben. Staatsverdrossenheit heißt auch, geringe Wahlbeteiligung an Wahlen. Geringe Wahlbeteiligungen gibt den populistischen Strömungen in unserer Gesellschaft ein größeres Gewicht.

Gehen wir also auch aus diesem Grund wählen und beeinflussen wir mit diesem Instrument eine lebendige Demokratie und ein klares Votum an die Parteien, denen wir am ehesten zutrauen diese Konflikte zukunftsorientiert zu lösen.

Dabei sind die wichtigsten Fragen, die die Menschen beschäftigen

- Sichere Renten
- Einkommensstrukturen, die eine auskömmliche spätere Rente zulassen
- Gerechte Arbeitsverteilung
- Funktionierende Solidaritätsgemeinschaft
- Schutz von besonderen Personengruppen, wie Alleinerziehende, Asyl- suchende und Arbeitssuchenden unter dem Prinzip „Fördern und Fordern"
- Bürokratie abbauen

Nur, wenn wir es gemeinsam schaffen, soziale Gerechtigkeit zu gewährleisten, sind wir in der Lage eine Grundstruktur für wirtschaftliches Wachstum und volkswirtschaftliche Expansion zu schaffen. Dies als Voraussetzungen für Wohlstand und Grundlage für zukünftige Generationen, für die wir heute die Existenzberechtigung schaffen müssen.

Auf dieser Basis ist es auch dann erst möglich, dass Firmen engagierte Fachkräfte, bestmöglich ausgebildete Facharbeiter und hochmotivierte Studienabsolventen zur Verfügung stehen. Unternehmen benötigen diese Voraussetzungen um betriebswirtschaftlich und hochinnovativ arbeiten zu können.

Sparen und Vermögen aufbauen ist aus diesem Grund unwiderruflich auch mit sozialer Gerechtigkeit verbunden.

Resümee
UND EMPFEHLUNGEN

In den Ausführungen und Erläuterungen dieses Buches haben wir sie mit
dem Thema Sparen und Aufbau eines Vermögens umfänglich vertraut gemacht und diese Themen aus verschiedenen Blickwinkeln durchleuchtet und
kritisch hinterfragt.

**Dabei ist
immer eins
deutlich
geworden**

- Sparen kann jeder, in welcher Situation
  er sich auch befindet
- Selbstverantwortung für die Entwicklung der eigenen Position und Haltung
  ist dabei unumgänglich
- Staatliche Hilfen flankieren lediglich
  die eigene Selbstverantwortung
- Auch in Niedrigzinszeiten lassen
  sich gute Chancen auf einen Vermögensaufbau erkennen und realisieren
- Jeder ist für sich verantwortlich, auch
  für sein Leben und für seine Lebens-
  philosophie zu sorgen

An Aktien führt momentan kein Weg vorbei, um die beschriebenen Ziel umsetzten zu können. Aktien können dabei als Vehikel zum Vermögensaufbau,
gezielt Risiko arm, aber dabei mittel- und langfristig eingesetzt werden. Die
Methode den risikoarmen Weg des Aktieninvestments zu finden, war Gegenstand dieses Buches. Dabei wurde deutlich, dass Aktieninvestment kein Blick
in die Glaskugel ist, sondern ein bewusstes Entscheiden für Aktien und die
Auswahl der richtigen Aktien.

Der Deutsche ist nicht der Freund eines Engagements in Aktien. Der
Deutsche legt sein Geld lieber auf dem Sparbuch an und erhält dafür keine
Zinsen.

Sollte es auch mit diesem kleinen Buch gelingen, auch nur wenige dieser
Sparbuchsparer zu einem Aktienengagement zu bewegen, wäre dies nicht
nur ein guter Beitrag das Vermögen des Einzelnen zu mehren, sondern
auch der einzige Weg, das Volksvermögen zu mehren, indem mehr Geld in

die Unternehmen fließt und die Unternehmen damit die finanzielle Kraft bekommen innovativ und erfolgreich am Markt zu bestehen und so ihr Überleben in den globalen Märkten langfristig zu sichern und damit den Investoren, sprich den Sparern, Dividenden, Wertsteigerungen und sicheres Vermögen erhalten zu können.

Eine Win-Win-Situation für alle schaffen !
Warum nutzen wir dies eigentlich nicht ?
Wir alle konnten davon profitieren
Beginnen wir das Thema SPAREN NEU!
„Zukunftsorientiertes Investieren" wird uns
dabei weiterhelfen !

ANHANG

Liste der Hilfsmittel

Hilfsmittel 1:   Musterdepotanlage u. Diagramm

Stichwortverzeichnis

Musterdepot
Bundesanleihen
staatl. Förderung
HaussezyklusGold
Kapitalmarktzins
ÖlpreisGeldanlage
Aktienmarkt
Einstiegskurse
Kapitallebensversicherung
Brexit
Leitindex
Bausparvertrag
Hypothekenmarkt
Aufschwung
Immobilienbesitz
Euro Stoxx 50
Krise
Nullzinspolitik
Euro-Schuldenkrise
Win-Win-Situation
Anlageklassen
Rechtspopulisten
sichere Renten
Inflationsrate
Trump
Einkommensstruktur
Zwecksparen
Abgeltungssteuer
sozialer Friede
Einsparen
Betriebsrente
Mindestlohn
Vorsorgesparen
Betongold
Bundestagswahl
Anleihen
Riester Förderung
Staatsverdrossenheit
Obligationen
Dividende

Armutsquote
Altersvorsorge
Eigenkapital
Gesamtvermögen
Gesamtkapital
Altersarmut
ETF
Riester
Sparen
Charttechnik
Hartz IV
Aktienanalyse
Altersarmut
DaytraderRente
Kostolany

WAS TUN!?